Kochen wie anno dazumal

M. W. zu Trautenau

Kochen wie anno dazumal

Die Küchengeheimnisse einer Meisterköchin des 19. Jahrhunderts

Illustriert und grafisch gestaltet von
Beatrice Hintermaier

EDITION STYRIA

Vorwort

Vor vielen Jahren wurde auf einem Speicher in Glonn, südöstlich von München, ein altes Kochbuch gefunden. Es ist eine Kladde mit ungeordneten Rezepten, Kochanleitungen und Vorschlägen für festliche Menüs aus dem 19. Jahrhundert, handschriftlich aufgezeichnet in alter Sütterlinschrift von M. W. zu Trautenau.

Obwohl der Lebensweg der M. W. zu Trautenau überwiegend im Dunkeln bleibt, stammte sie vermutlich aus Trautenau im nordöstlichen Böhmen und kam irgendwann in die Gegend der alten Grafenstadt Haag in Oberbayern. Ihre Notizen über Hochzeitsmahle lassen vermuten, dass sie auch, wie manch andere Handwerker, »in die Stör« ging, also von Ort zu Ort zog, und während der Dauer ihrer Tätigkeit bei ihren bäuerlichen Auftraggebern einquartiert war. So wurde die Störköchin M. W. von alten, angesehenen Familien in Stadt und Land herbeigerufen, wann immer es große »Gastereien« auszurichten galt, wie zu Hochzeiten, Jubiläen oder 1890 zur Primiz von Albaching.

Vor allem die ungezwungene, umgangssprachliche Art, in der M. W. ihren Erfahrungsschatz festhielt, hat mich angeregt, dieses Kochbuch neu zu gestalten, zu illustrieren und zu veröffentlichen. In unbekümmerter Weise verband M. W. die Kochkunst ihrer böhmischen Heimat mit altbayerischen Rezepten und französischen Begriffen, die sie kraftvoll der hiesigen Mundart anglich.

Um einen möglichst authentischen Eindruck zu vermitteln, habe ich das Original seitenweise reproduziert und daneben ins Leserliche übertragen, wobei der amüsante Schreibstil, die mundartlichen Redewendungen und sämtliche Rechtschreibfehler mit ihrer zufällig angewandten Interpunktion unverändert erhalten geblieben sind.

Ihre praktischen Erfahrungen, die sie für sich selber festhielt und die mit der Rezeptkladde von Hand zu Hand weitergegeben wurden, sind ungeordnet aneinander gereiht, wodurch es unmöglich ist, die Rezepte in Kapitel zu unterteilen. Rezeptwiederholungen und unleserliche Seiten habe ich nicht übernommen.

Zum besseren Textverständnis habe ich jeweils die erforderlichen Zutaten den Rezepten vorangestellt sowie die alten Maße und Gewichte in moderne Mengenangaben übertragen.

Fußnoten verweisen auf andere Textstellen oder versuchen, eine praktische Hilfestellung beim Nachkochen zu geben, wo immer das wegen fehlender oder unklarer Angaben erforderlich schien. Alte und fremdsprachige Begriffe, Geräte, Zutaten und Maßeinheiten sind im Glossar erläutert. Der Zeilenfall ist weitgehend dem Original angepasst und wird nur in Ausnahmefällen zugunsten der grafischen Gestaltung verändert. Klammern ersetzen die Satzzeichen der M. W. wie /: und :/.

Trotz meiner Absicht, möglichst alles zu entziffern, ist es mir nicht gelungen, den Text restlos zu klären. Manch eine Stelle will sich der Ausdeutung widerborstig entziehen. So wird denn jeder Leser, der die Rezepte nachkocht, seine eigenen Entdeckungen machen, indem er Zutaten, Mengen und Anleitungen auf seine Art zu interpretieren wissen muss.

Meine Aquarelle von alten Küchen, Kochgeräten und Hausrat sind in den alten Bauernhäusern der Freilichtmuseen in Oberbayern entstanden, um das bäuerliche Leben in der sogenannten alten Zeit lebendig zu skizzieren.

Lassen Sie sich von mir in die Kochkunst von anno dazumal entführen. In diesem Sinne wünsche ich Ihnen viel Freude beim Blättern, Betrachten und Lesen – und natürlich gutes Gelingen beim Nachkochen.

Beatrice Hintermaier

Küche für die Austragler, Michlhof/Tyrlaching bei Burghausen, Oberbayern (18. Jh.)

Weintrauben-Torte.

250 g Butter
250 g Mehl
1 Ei

Für die Füllung
Weintrauben
3 Eier
1 El Semmelbrösel
125 g Zucker
125 g Mandeln
1 Ei, Zimt
Schale einer
½ Zitrone

Von einem ½ Pfund Butter ½ Pfund Mehl einem Ei wird ein ordentlicher Butterteig verfertigt, dann kleinfingers dick ausgewirkt, in die Form einer Torte gelegt und dann ein zwei Finger breiter Kranz gefertigt damit eingefaßt, die Weintrauben abgebeert u. die Beeren um den Teig herumgelegt, hat man einen blechenen Schart, mit einem Rand ist es noch beßer; 3 ganze Eier werden abgerührt, ½ Quint feingeriebenes Semelbrösel, dan werden ¼ Pfund feingestoßener Zucker ¼ Pfund feingestossene Mandel, ½ Quint gestossener Zimt, das Gelbe einer halben Zitrone klein geschnitten hineingerührt, die ganze Maße dan über die Beeren gegoßen und schön gelb backen lassen.–

Weintrauben-Torte.

Von einem 1/2 ℔ Butter 1/2 ℔ Mehl einem Ei wird ein ordentlicher Butterteig verfertigt, dann Kleinfingers dick ausgewirkt, in die Form einer Torte gelegt und dann ein zwei Finger breiter Kranz gefertigt damit eingefaßt, die Weintrauben abgebeert u. die Beeren an den Teig herumgelegt, hat man einen blechenen Schart, mit einem Rand ist es noch besser; 3 ganze Eier werden abgerührt, 1/2 Quint feingeriebene Semmelbrösel, dann werden 1/4 ℔ feingestoßener Zucker 1/4 ℔ feingestoßene Mandel, 1/2 Quint gestoßener Zimt, das Gelbe einer halben Zitrone klein geschnitten hineingerührt, die ganze Masse dann über die Beeren gegossen und schön gelb backen lassen. —

Essig=Gurken.

Kleine Gurken werden eingesalzen u. über Nacht stehen gelassen, dann trocknet man sie mit einem Tuche sauber ab und legt sie in steinerne Töpfe, dazwischen legt man Weintrauben-blätter, Salz, ganzen Pfeffer Gukummer-kraut, kleine ganze Zwiebel, Petersilie, Ingwer, ein paar ganze Gewürznelken, Alemode=Gewürz und etwas spanischen Pfeffer. Der Essig wird siedend gemacht und wenn er wieder kalt ist, über die Gurken gegossen u. die Töpfe fest zugebunden.

Mandelplätzlein.

6 Lth Zucker, 8 Lth Mandel, 2 Lth Bitter-mandel, von 2 Eiern das Weiße, etwas Zimt u. dann ein Lth Zitronen oder Pomeranzenschalen. —

Essig-Gurken.

kleine Gurken
Salz
Weintraubenblätter
Pfefferkörner
Gukumerkraut
kleine ganze Zwiebeln
Petersilie
Ingwer
Gewürznelken
Almode-Gewürz
Spanischer Pfeffer
Essig

Kleine Gurken werden eingesalzen u. über Nacht stehen gelassen, dann trocknet man sie mit einem Tuche sauber ab und legt sie in steinerne Töpfe, dazwischen legt man Weintraubenblätter, Salz, ganzen Pfeffer, Gukumerkraut, kleine ganze Zwiebel, Petersilie, Ingwer, ein paar ganze Gewürznelken, Almode-Gewürz und etwas spanischen Pfeffer. Der Essig wird siedend gemacht und wenn er wieder kalt ist, über die Gurken gegossen u. die Töpfe fest zugebunden.–

Mandelplätzlein.

95 g Zucker
125 g Mandeln
30 g Bittermandeln
2 Eiweiß
Zimt
15 g Zitronen- oder Pomeranzenschale

6 Lth Zucker, 8 Lth Mandel, 2 Lth Bittermandel, von 2 Eiern das Weiße, etwas Zimmt u. dan ein Lth Zitronen oder Pomeranzenschalen.–

Eier-Punsch.

1 Flasche Wein
10 Eigelb
1 Glas Arak
Zucker

Eine Flasche Wein, 10 Eierdotter, 1 Glas Arak u. Zucker nach Belieben; der Wein wird mit dem Zucker gesotten, dann kommt der Arak dazu u. wird zu den schon gut abgerührten Eierdottern gerührt u. so lange geschlagen, bis es schäumt.–

Mandel-Laibchen.

3 Eiweiß
125 g Mandeln
125 g Zucker
Zitronenschale
runde Oblaten

Man nimmt von 3 kleinen Eiern das Klare u. schlägt es zu Schnee, aldann thut man es in ein tiefes Schüßelchen, dann rührt man ¼ Pfund fein gestoßene Mandel recht langsam hinein u. ¼ Pfund Zucker sammt Zitronenschaalen; wenn alles gut untereinander gerührt ist so setzt man auf Oblaten runde Plätzchen u. läßt sie in einem nicht gar zu heißen Ofen backen.–

Eier = Punsch.

Eine Flasche Wein, 10 Eierdotter, 1 Glas Arak u. Zucker nach Belieben; der Wein wird mit dem Zucker gesotten, dann kommt der Arak dazu u. wird zu den schon gut abgerührten Eier= dottern gerührt u. so lange geschla= gen, bis es schäumt. —

Mandel = Laibchen.

Man nimt von 3 kleinen Eiern das Klare u. schlägt es zu Schnee, alsdan thut man es in ein tiefes Schüßelchen, dan rührt man 1/4 ℔ fein gestoßenen Mandel nach langsam hinein u. 1/4 ℔ Zucker samt Zitronenschalen. wan alles gut unter= einander gerührt ist so setzt man auf Oblaten runde Plätzchen u. läßt sie in einem nicht gar zu heißen Ofen backen. —

Chocolade-Torte.

10 Eiergelb werden mit ½ ℔ gestossenen Zucker ½ Stunde recht stark gerührt dan kommen 4 Lth Chocolade u. etwas Gewürz, dan werden 8 Lth Stärkmehl langsam darunter gerührt u. am Ende der Schnee von 8 Eierklaren in die Form gefüllt u. 3/4 Stunden gebacken.—

Mürber-Taig.

1 ℔ Mehl wird gesalzen, 1 ℔ Butter in kleine Stücke geschnitten u. gut untereinander gemengt, schlägt 4 ganze Eier, 1 ganze Tasse süssen Rahm (: auch saueren kan man nehmen :) hinein, u. thut diesen Taig zusammen, walzt ihn aus, bestreicht ihn mit Eiergelb, streut Semmelbrösel darauf u. belegt ihn mit Aprikosen, Äpfel, Zwetschgen, Kirschen etc. menge auch geriebenen Zucker an den Taig, etwas Arac u. Kirschwasser ist ebenfalls sehr gut. :/—

Chocolade-Torte.

10 Eigelb
250 g Zucker
60 g Schokolade
Gewürz*
125 g Stärkemehl
8 Eiweiß

10 Eiergelb werden mit ½ Pfund gestossenen Zucker ½ Stunde recht stark gerührt dann kommen 4 Lth Chocolade u. etwas Gewürz, dann werden 8 Lth Stärkmehl langsam daran gerührt u. am Ende der Schnee von 8 Eierklaar in die Form gefüllt u. ¾ Stunden gebacken.–

* Gewürzmischung nach Belieben, z.B. Kardamom, Nelkenpulver oder Lebkuchengewürzmischung

Mürber-Taig.

500 g Mehl
Salz
500 g Butter
Zucker
4 Eier
1 Tasse süßer oder saurer Rahm
Eigelb zum Betreichen
Semmelbrösel
Obst
evtl. Arak und Kirschwasser

1 Pfund Mehl wird gesalzen, 1 Pfund Butter in kleine Stücke geschnitten u. gut untereinander gemengt, schlägt 4 ganze Eier, 1 ganze Tasse süssen Rahm (auch sauren kann man nehmen) hinein, u. thut diesen Taig zusammen, walze ihn aus, bestreicht ihn mit Eiergelb, streut Semmelbrosel darauf u. belegt ihn mit Aprikosen, Äpfel, Zwetschgen, Kirschen etc. menge auch geriebenen Zucker an den Taig, (etwas Arac u. Kirschwasser ist ebenfalls sehr gut).–

Küche, Müllerhof/Hofolding bei München, Oberbayern (Anfang 20. Jh.)

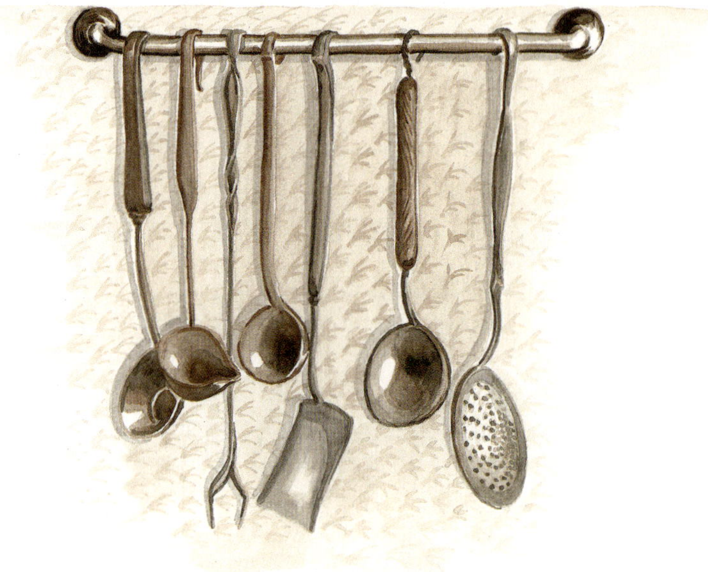

Pudding von gebrühten Taig.

95 g Mehl
ca. 600 ml Milch
100 g Butter
6 Eier
95 g Zucker
15 g Bittermandeln
süße Sauce*

6 Lth Mehl werden mit ½ Mß siedender Milch u. einer Nuß großen Butter abgerührt u. in der Pfanne bei gelindem Feuer abgetrocknet bis sich der Taig von derselben ablösen will (doch darf man ihn nicht zu sehr trocken werden lassen) dann läßt man ihn erkalten und rührt unterdessen 6 Loth Butter recht leicht, schlägt nach und nach 6 Eierdotter daran, thut 6 Lth gestossenen Zucker nebst 1 Lth gestossene bittere Mandeln dazu, schlägt die 6 Eierweiß zu einem festen Schnee und rührt ihn dazu – sodann bestreicht man den Form mit Butter füllt den Taig ein u. läßt den Pudding 1 Stunde im Wasser kochen*, dann thut man ihn in eine tiefe Schüssel, macht eine süße Sauce** daran und läßt ihn in derselben aufkochen.–

* im Wasserbad, ** siehe Punsch Reis, Seite 22

Pudding von gebrühtem Taig.

6 Lth Mehl werden mit $\frac{1}{2}$ Mß siedender Milch u. einer Nuß großen Butter abgerührt u. in der Pfanne bei gelindem Feuer abgetrocknet bis sich der Taig von derselben ablösen will /: doch darf man ihn nicht zu sehr trocknen werden lassen :/ dann läßt man ihn erkalten und rührt unterdessen 6 Lth Butter recht leicht, schlägt nach und nach 6 Eierdotter daran, thut 6 Lth gestossenen Zucker nebst 1 Lth gestossenen bittern Mandeln dazu, schlägt die 6 Eierweiß zu einem festen Schnee und rührt ihn dazu — sodann bestreicht man den Form mit Butter füllt den Taig ein u. läßt den Pudding 1 Stunde im Wasser kochen, dann thut man ihn in eine tiefe Schüssel, macht eine süße Sauce daran und läßt ihn in derselben aufkochen. —

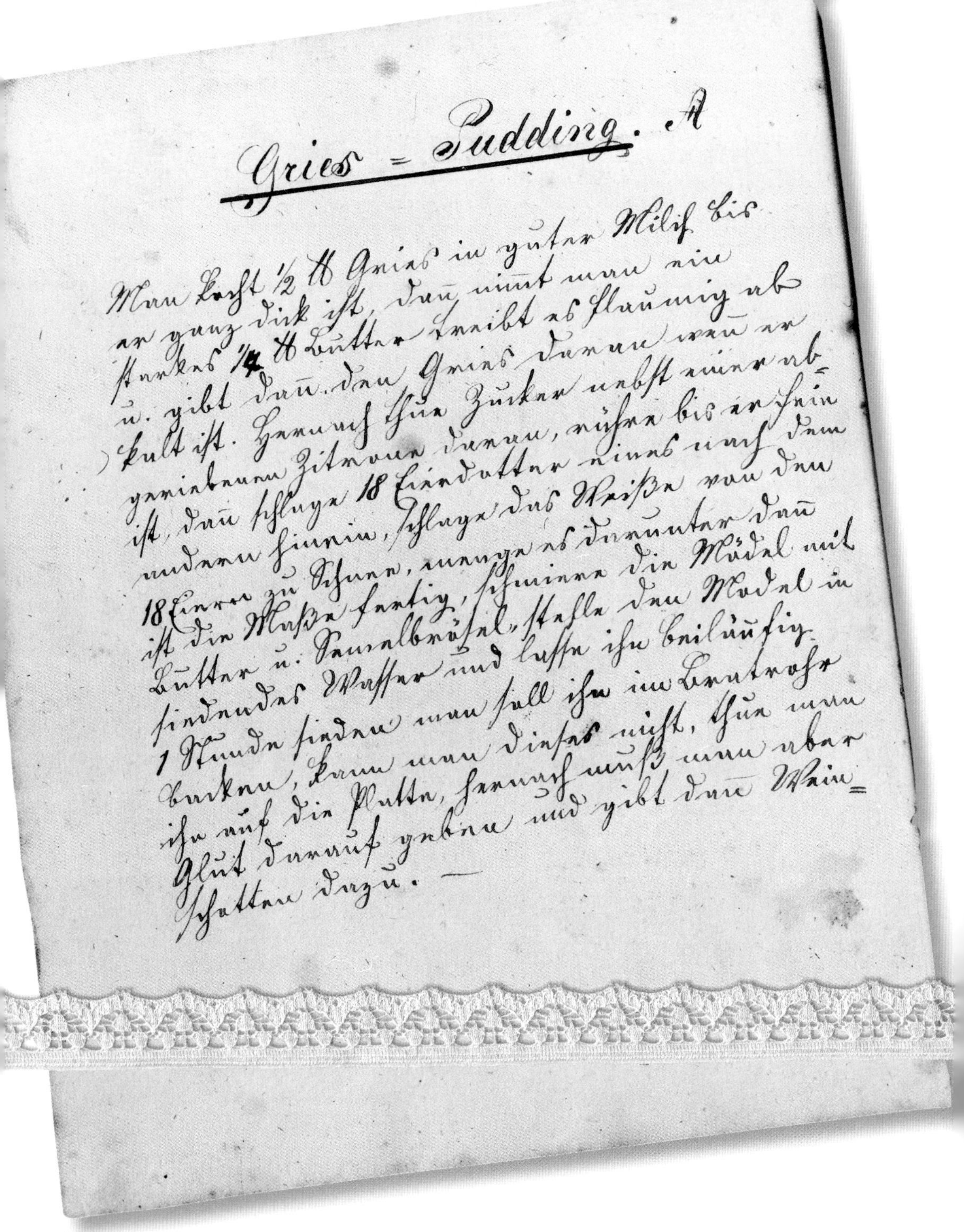

Gries = Pudding. A

Man kocht 1/2 ℔ Gries in guter Milch bis
er ganz dick ist, dann nimmt man eine
starke 1/4 ℔ Butter treibt es flaumig ab
u. gibt dann den Gries daran wan er
kalt ist. Danach thue Zucker nebst einer ab=
geriebenen Zitronen daran, rühre bis er fein
ist, dann schlage 18 Eierdotter eines nach dem
andern hinein, schlage das Weiße von den
18 Eiern zu Schnee, menge es darunter dann
ist die Masse fertig, schmiere die Model mit
Butter u. Semmelbrösel, stelle den Model in
siedendes Wasser und lasse ihn beiläufig
1 Stunde sieden man soll ihn im Bratrohr
backen, kann man dieses nicht, thue man
ihn auf die Platte, danach muß man aber
Glut darauf geben und gibt dann Wein=
schatten dazu. —

Stube,
Müllerhof/Hofolding
bei München, Oberbayern
(Anfang 20. Jh.)

Gries-Pudding.

250 g Grieß
Milch
125 g Butter
Zucker
Schale einer Zitrone
18 Eier
Weinschotten*

Man kocht ½ Pfund Gries in guter Milch bis er ganz dick ist, dann nimmt man ein starkes ¼ Pfund Butter treibt es flaumig ab u. gibt dann den Gries daran wenn er kalt ist. Hernach thue Zucker nebst einer abgeriebenen Zitrone daran, rühre bis er fein ist, dann schlage 18 Eierdotter eines nach dem anderen hinein, schlage das Weiße von den 18 Eiern zu Schnee, menge es darunter dann ist die Maße fertig, schmiere die Mödel mit Butter u. Semelbrösel, stelle den Model in siedendes Wasser und lasse ihn beiläufig 1 Stunde sieden man soll ihn im Bratrohr backen, kann man dieses nicht, thue man ihn auf die Platte, hernach muß man aber Glut darauf geben und gibt dann Weinschotten* dazu.–

* siehe Punsch Reis, Seite 22

Punsch Reis.

500 g Reis
Milch
125 g Butter
6 Eier
60 g Mandeln
Zitronenschale
Pomeranzen
Zitronat
Zucker
Arak

Für die Sauce
500 ml Rotwein
125 g Zucker
Schale einer
½ Zitrone
Saft einer Zitrone
2 El Arak

1 Pfund Reis wird in Milch recht dick & weich gekocht, rühre ¼ Pfund Butter pflaumig ab, schlage 6 Eierdotter in den Butter, rühre ⅛ Pfund fein gewiegte Mandeln nebst Zitronenschälchen, Pomeranzen, Zitronat u. fein gestossenen Zucker bis er süß genug ist, daran, von dem Eierweiß schlägt man einen steifen Schnee, eine Form wird mit Butter u. Semelbrösel bestreut, füllt die abgerührte Maße, der Reis kommt vorerst hinein, dann erst der Schnee, läßt es im Ofen schön gelb backen, dann stürzt man es heraus auf eine Platte, begießt es, wenn es noch warm ist, mit einem Trinkgläschen Arac, überstreut es stark mit Zucker, stellt es wieder in den Ofen u. lasse es nochmal anziehen dann gießt man die Sauce neben herum, welche gemacht wird: Einen Schoppen rothen Wein thut man in ein meßingenes Pfännlein nebst ¼ Pfund Zucker u. die Schaale einer ½ Zitrone, läßt es langsam kochen bis es dick & zäh wird, gießt noch den Saft von 1 Zitrone & 2 Löffel Arak dazu, & gibt es warm zur Tafel.–

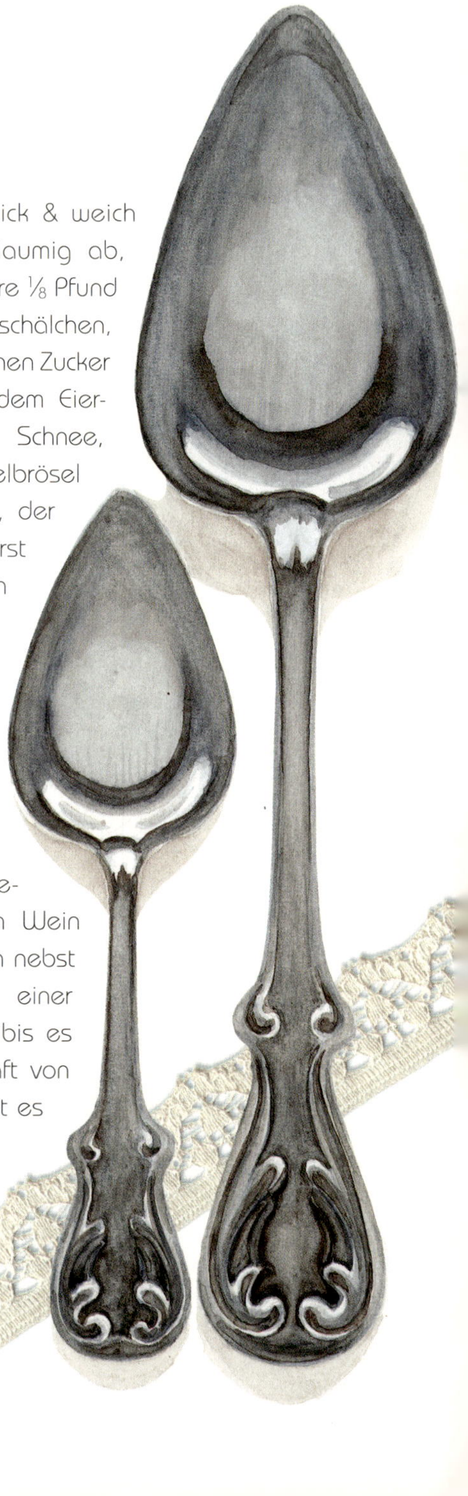

Punsch Reis.

1 ℔ Reis wird in Milch recht dick & weich gekocht, rühre 1/4 ℔ Butter pflaumig ab, schlage 6 Eierdotter in den Butter, rühre 1/8 ℔ fein geriebene Mandeln nebst Zitronenschälchen, Pomeranzen, Zitronat u. fein gestossenen Zucker bis es süss genug ist, dann, von dem Eiweiss schlägt man einen steifen Schnee, eine Form wird mit Butter u. Semmelbrösel bestreut, füllt die abgerührte Masse, der Reis kommt zuerst hinein, dann erst der Schnee, lässt es im Ofen schön gelb backen, dann stürzt man es heraus auf eine Platte, begiesst es wenn es noch warm ist, mit einem Trinkgläschen Arac, überstreut es stark mit Zucker, stellt es wieder in den Ofen u. lasse es nochmal anziehen dann giesst man die Sauce neben herum, welche gemacht wird: Einen Schoppen rothen Wein thut man in ein messingenes Pfännlein nebst 1/4 ℔ Zucker u. die Schaale einer 1/2 Zitrone lässt es langsam kochen bis es dick & zäh wird, giesst noch den Saft von 1 Zitrone & 2 Löffel Arack dazu, & gibt es warm zur Tafel. –

Rahm=Kuchen.

Es wird das Gelbe von 4 Eiern mit süssem Rahm verrührt, über das Feuer gehalten und so lange darüber gelassen, bis es anfängt zu kochen, schütte es in eine Schüssel bis es ziemlich kalt wird, thue Zucker, Zimt u. Vanille darein, schlage von 4 Eiern das Weisse zu Schnee, drücke den Schnee mit einem Löffel voll Mehl hinein, füttere ein Blech mit Butterteig, belege es dann mit Weinbeeren, das Abgerührte darauf gelegt, und streue noch geriebene Mandeln darauf; die Hitze soll ziemlich stark sein. –

Apfel=Pastete.

6 Äpfel werden gebraten, darauf das Feuer herausgethan, durch einen Seiger getrieben, das durchgetriebene so lange gerührt, bis es flaumig wird. dann das Gelbe von 2 Eiern zu 5 Löffel voll Zucker u. Zimmet, das Weisse zum Schnee, die Model muss man mit Butterteig füttern. –

Rahm - Kuchen.

4 Eier
süßer Rahm
Zucker
Zimt
Vanille
1 EL Mehl
Butterteig*
Weinbeeren
Mandeln

Es wird das Gelbe von 4 Eiern mit süssem Rahm verrührt, über das Feuer gehalten und so lange darüber gelassen, bis es anfängt zu kochen, schütte es in eine Schüssel bis es ziemlich kalt wird, thue Zucker, Zimt u. Fannille darein, schlage von 4 Eiern das Weiße zu Schnee, drücke den Schnee mit einem Löffel voll Mehl hinein, füttere ein Blech mit Butterteig*, belege es dann mit Weinbeeren, das Abgerührte darauf gelegt, und streue noch gewiegte Mandeln darauf; die Hitze soll ziemlich stark sein.–

* siehe Butterteig, Seite 93

Lederkanapee und Sesselofen, Stube, Vierseithof/Bernöd bei Gars am Inn, Oberbayern (1920er Jahre)

Apfel - Pastete.

6 Äpfel
2 Eier
5 El Zucker
Zimt
Butterteig*

6 Äpfel werden gebraten, danach das Innere herausgethan, durch einen Saiger getrieben, das Durchgetriebene so lange gerührt, bis es pflaumig wird. Dann das Gelbe von 2 Eiern zu 5 Löffel voll Zucker u. Zimmet, das Weiße zum Schnee, die Mödel muß man mit Buttertaig füttern.–

* siehe Butterteig, Seite 93

Weiße Caulis.–

Butter oder Fett
1 Zwiebel
Mehl
Wasser
Fleischbrühe

Man nehme Butter oder gute Fette, gebe einen ganzen Zwiebel darein, lasse es heiß werden, aber nicht braun, thue weißes Mehl hinein und lasse es unter beständigen Rühren ein wenig anziehen, thue ein wenig kaltes Wasser hin, dann erst Fleischsuppe; es muß immer gerührt werden, bis es im Kochen ist, wenn es gekocht ist, muß es in Dicke eines Kindsmußes sein, und ganz fein ohne Knollen. – Diese Coulis oder Sauce kann man zu allen Ragout oder Fischsaucen gebrauchen, auch zu den Gemüsen bei großen Gastereien.–

Stand zu allen süssen Sulzen.–

8 Kalbsfüße
5 l Wasser

Man stellt die ganz rein geputzten verhackten Kälberfüße mit kalten Wasser zum Feuer, aber ohne Knochen, schäumt es gut ab, und läßt es gut kochen, dann seihe man sie durch ein Sieb, läßt den Stand wieder vergehen, seihet ihn durch ein Tuch u. stellt ihn wieder zum kochen, so, daß von 8 Füßen, welche zum Wasser mit 4 Maß zugestellt werden, es einkochen muß, bis auf 1 Quart*. Von solchen Sülzen können allen süssen Gilio, Wibs, Creme u. Clamangen gemacht werden, antsatt der Hausenblase die viel theuerer kommt.–

*auf ein Viertel vom Ganzen, d.h. hier auf 1 ¼ l einkochen

Weiße Coulis.–

Man nehme Butter oder gute Fette, gebe einen ganzen Zwiebel darein, lasse es heiß werden, aber nicht braun, thue weißes Mehl hinein und lasse es unter beständigem Rühren ein wenig anziehen, thue ein wenig kaltes Wasser hin, dann erst Fleischsuppe, es muß immer gerührt werden, bis es im Kochen ist, wenn es gekocht ist muß es in Dicke eines Rinds=mußes sein, und ganz fein ohne Knollen.– diese **Coulis** oder **Sauce** kann man zu allen **Ragout** oder Fischspeisen gebrauchen auch zu den Gemüsen bei großen Gastereien.–

Stand zu allen süßen Sulzen.–

Man stellt die ganz rein geputzten verhackten Kälberfüße mit kaltem Wasser zum Feuer, aber ehe es kochet schäumt es gut ab, und läßt es gut kochen, dann seihe man sie durch ein Sieb, läßt den Stand wieder vergehen, seiht ihn durch ein Tuch u. stellt ihn wieder zum kochen, so, daß von 8 Füßen welche ~~zum~~ zum Wasser mit 4 Maß zugestellt werden, es einkochen muß, bis auf 1 Quart. Von solchen Sulzen können allen süßen Gelee, Wein, Creme u. Orangen gemacht werden, anstatt der Hausenblase die viel theurer kommt.–

Aspick, oder feiner Sulze.

Um selbe gesund u. rein zu machen wird erfordert
daß die Kalbsfüße schön geputzt werden, gut gehackt
u. ausgewässert. Zu 8 Füß nimt man 1 ℔ Kalbsknochen
welche auch zerhackt u. gewässert werden, thut sie in
einen Hafen oder Kastrol, gießt kaltes Wasser daran,
läßt es unter beständigem abschäumen halb mild kochen
dann putzt man gelbe Rüben, Petersilienwurzeln,
Cibeben Zeleri, Lauch u. Zwiebel mit samt der Schaale
schneidet es ziemlich grob hinein, ein Paar Lorbeerblätter
eine Handvoll Salz, eine Maß Essig läßt man
weich kochen, dann seiht man es durch ein Sieb u.
lasse es gut abkühlen. – Ist dieses geschehen, so nimt
man mit einem Löffel die Fette ab, schüttet heißes
Wasser darüber, welches recht schnell gehen muß. –
dann thut man es in eine Pfanne, verklopft 2 Eierweiß
ein wenig, thut es daran, und schüttet es öfter mit
einem Anrichtlöffel auf, hat das dann langsam aufgekocht
u. man sieht daß sich die Sulz von selbst scheidet, so stellt
man sie bei Seite, bindet auf einen 4füßigen Stuhl ein
Serviet, gut aufgespannt, stellt eine Schüssel darunter und
schüttet von oben diese Sulze auf, nimt das durchgeseihte
thut es wieder oben hinein und unten eine andere Schüssel,
und so 4 oder 5 mal bis es ganz hell klar wird; ist es
zu blaß, so kann man es mit einem braunen
Zucker färben. –

Aspich, oder saure Sulze.–

8 Kalbsfüße
500 g Kalbsknochen
Wasser
Gelbe Rüben
Petersilienwurzel
Sellerie
Porree
Zwiebeln
Lorbeerblätter
Salz
1¼ l Essig
2 Eiweiß
evtl. 1 Zuckertropfen zum Färben

Um selbe gesund u. rein zu machen wird erfordert daß die Kalbsfüsse schön geputzt werden, gut gehackt u. ausgewässert. Zu 8 Füß nimt man 1 Pfund Kalbknochen welche auch zerhackt u. gewässert werden, thut sie in einen Hafen oder Kastrol, gießt kaltes Wasser daran, läßt es unter beständigen abschäumen halb mild kochen dann putzt man gelbe Rüben, Petersilienwurzeln, bischen Zelerie, Bori u. Zwiebel mit samt der Schaale schneidet es ziemlich grob hinein, ein paar Lorberblätter eine Handvoll Salz, eine Maaß Essig läßt man weich kochen, dann seiht man es durch ein Sieb u. laße es gut ablaufen.– Ist dieses geschehen, so nimt man mit einem Löffel die Fette ab, schüttet heißes Wasser darüber, welches recht schnell gehen muß.–

Dann thut man es in eine Pfanne, verklopft 2 Eierweiß ein wenig, thut es daran, und schüttet es öfter mit einem Anrichtlöffel auf, hat das dan langsam aufgekocht u. man sieht daß sich die Sulz von selbst scheidet, so stellt man sie bei Seite, bindet auf einen 4 füssigen Stuhl ein Serviet, gut aufgespannt; stellt eine Schüssel darunter und schüttet von oben diese Sulze auf, nimmt das durchgelassene thut es wieder oben hinein und unten eine andere Schüssel und so 4 oder 5 mal bis es ganz Gold klar wird; ist es zu blaß, so kann man es mit einem Tropfen braunen Zucker färben.–

Vorrichtung zum Durchseihen von Sülze

Kalbfleisch-Fars.–

500 g Kalbfleisch
Brot
Milch
Ziebeln
Petersilie
60 g Butter
Speck
Salz

Zu einem Pfund Kalbfleisch welches von aller Haut losgemacht ist und fein zusamengehackt wird, schält man für 8 Kreuzer Brod ab, und weicht es in der Milch ein; Zwiebel u. Petersilie zusamengewiegt, dann lasse man 4 Lth Butter Zwiebel & Petersielie anlaufen, drückt das eingeweichte Brod fest aus, gibt es dazu, trocknet es auf dem Feuer gut ab, stellt es kalt und thut es mit dem Fleisch in einen Mörser nebst etwas geschabenen Speck und stoßt es, je feiner, deßto beßer, zuletzt gibt man Salz, u. kassirt* es dann durch ein Sieb.– Auf diese Art werden alle Fars gemacht, von Geflügel, Fischen, Karpfen, Wildbret, Schweinfleisch.–

*vermutlich passiert

Gefüllter Hecht.–

1 Hecht
Speck
Salz
Butter oder Fett

Für die Fülle
Mehl
Butter oder Fett
Petersilie
Zwiebeln
Fischinnereien

Der Hecht wird gehäutet, der Bauch aufgemacht mit einer Fülle gefüllt, dann zugenäht u. gespickt, in eine Reine mit Butter oder Fette gethan, zuvor gesalzen u. dann herausgebraten, die Fülle von feinen Mehl wird in Fette oder Butter abgeröstet, dann wird Petersilie, Zwiebel, und das Innere brauchbare des Fisches fein zusamengewiegt, in das Mehl gethan und das gibt die Fülle des Hechtes.–

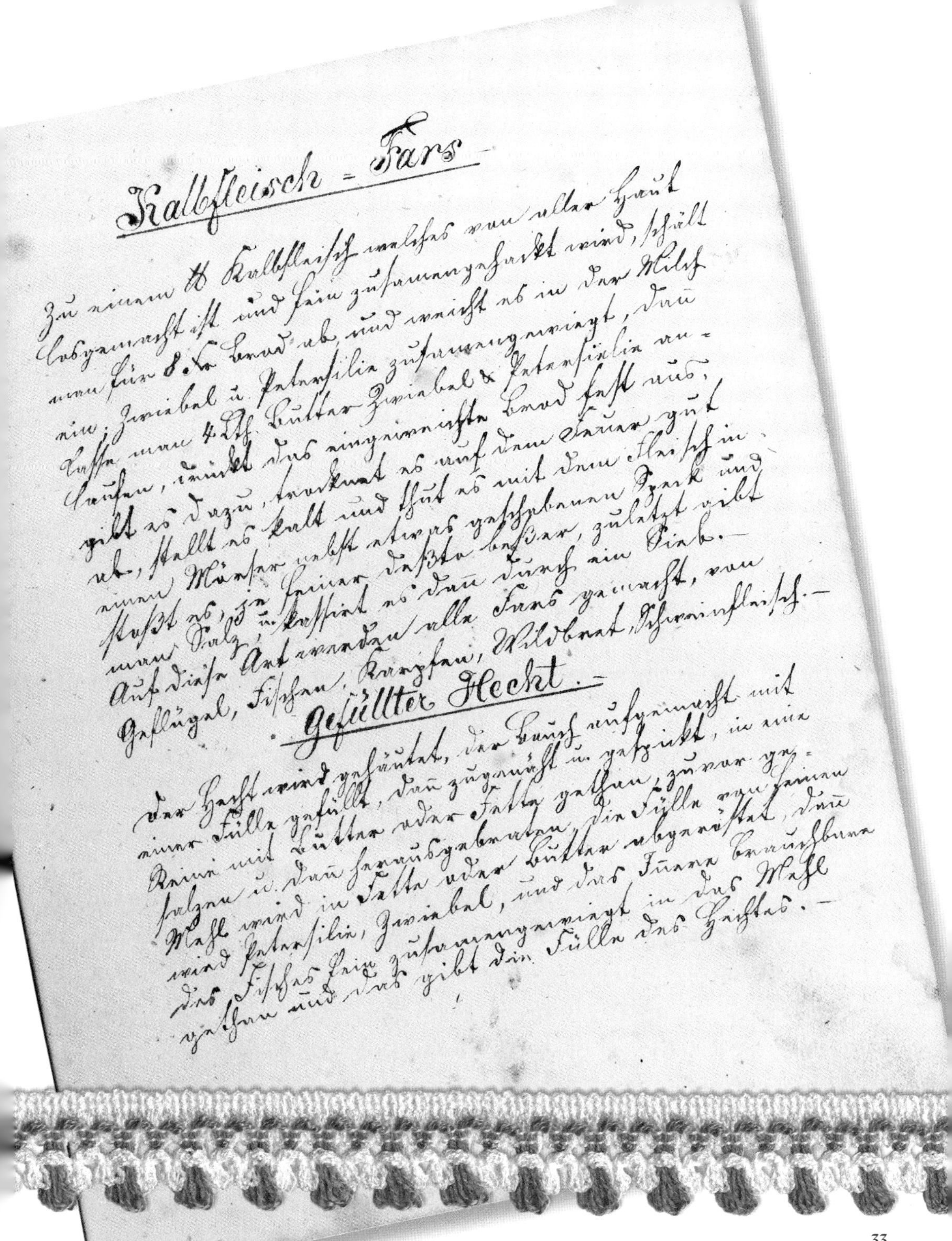

Kalbfleisch – Fars

Zu einem ℔ Kalbfleisch welches von aller Haut losgemacht ist und fein zusammengehackt wird, schält man für 8 kr Brod ab, und weicht es in der Milch ein, Zwiebel u. Petersilie zusammengewiegt, dann lasse man 4 Lth. Butter Zwiebel & Petersilie anlaufen, drückt das eingeweichte Brod fest aus, gibt es dazu, trocknet es auf dem Feuer gut ab, stellt es kalt und thut es mit dem Fleisch in einen Mörser nebst etwas geschabenen Speck und stoßt es, je feiner desto besser, zuletzt gibt man Salz u. passirt es dann durch ein Sieb. – Auf diese Art werden alle Fars gemacht, von Geflügel, Fischen, Krebsen, Wildbret, Schweinfleisch. –

Gefüllter Hecht. –

Der Hecht wird gehäutet, der Bauch aufgemacht mit einer Fülle gefüllt, dann zugenäht u. gespickt, in eine Rein mit Butter oder Fette gethan, zuvor gesalzen u. dann herausgebraten, die Fülle von feinem Mehl wird in Fette oder Butter abgeröstet, dann wird Petersilie, Zwiebel, und das Innere brauchbare des Fisches fein zusammengewiegt in das Mehl gethan und das gibt die Fülle des Hechtes. –

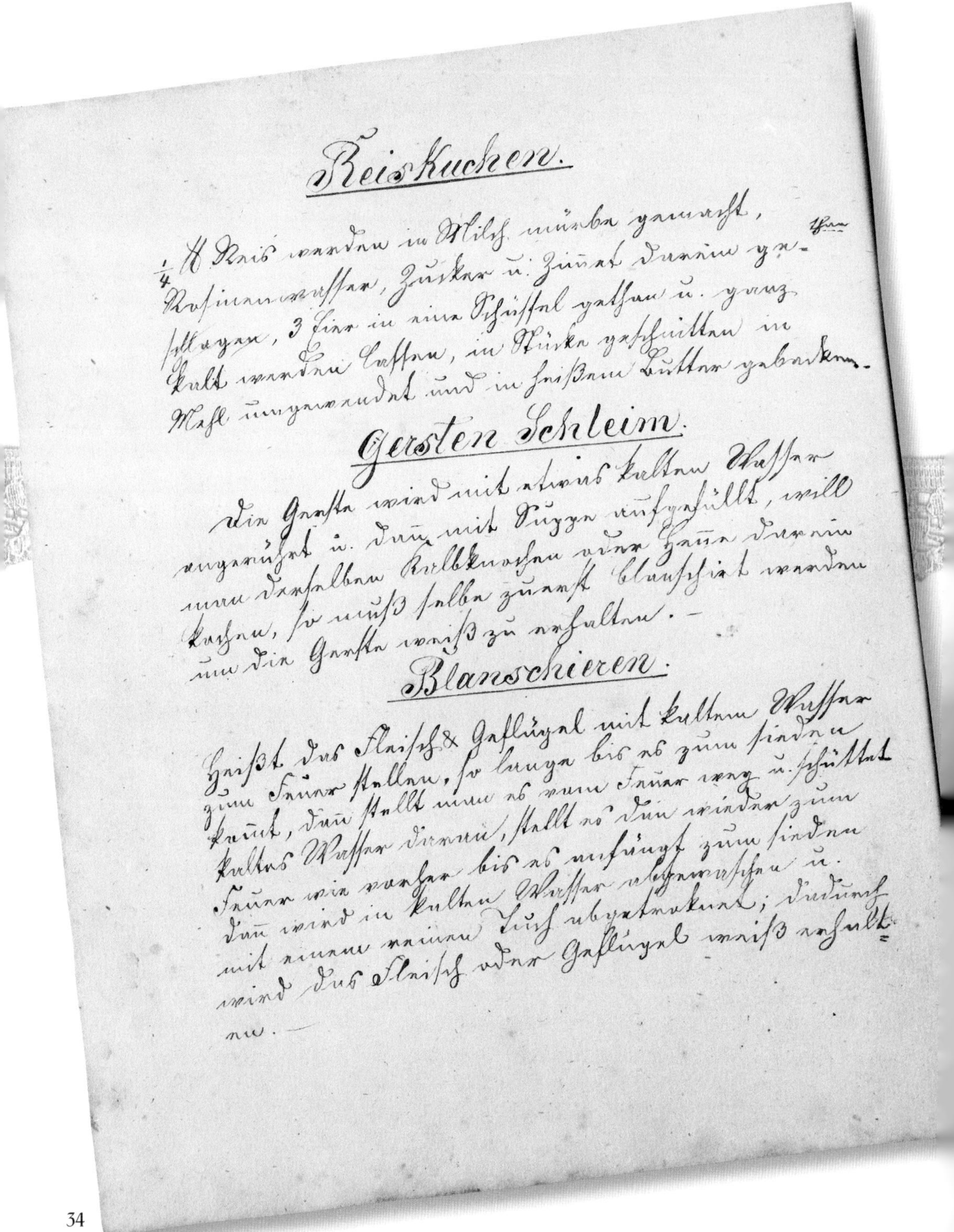

Reiskuchen.

¼ ℔ Reis werden in Milch mürbe gemacht, thun
Rosinenwasser, Zucker u. Zimet darein ge-
schlagen, 3 Eier in eine Schüssel gethan u. ganz
kalt werden lassen, in Stücke geschnitten in
Mehl umgewendet und in heißem Butter gebacken.

Gersten Schleim.

Die Gerste wird mit etwas kaltem Wasser
angerührt u. dan mit Suppe aufgefüllt, will
man denselben Kalbknochen oder Haxe darein
kochen, so muß selbe zuerst blanschirt werden
um die Gerste weiß zu erhalten. –

Blanschieren.

Heißt das Fleisch & Geflügel mit kaltem Wasser
zum Feuer stellen, so lange bis es zum sieden
kömt, dan stellt man es vom Feuer weg u. schüttet
kaltes Wasser daran, stellt es dan wieder zum
Feuer wie vorher bis es anfängt zum sieden
dan wird in kalten Wasser abgewaschen u.
mit einem reinen Tuch abgetrocknet; dadurch
wird das Fleisch oder Geflügel weiß erhalt-
en. –

Reiskuchen.

125 g Reis
Milch
Rosenwasser
Zucker
Zimt
3 Eier
Mehl
Butter

¼ Pfund Reis werden in Milch mürbe gemacht, Rosinenwasser*, Zucker u. Zimmet darein gethan 3 Eier in eine Schüssel gethan u. ganz kalt werden lassen, in Stücke geschnitten in Mehl umgewendet und in heißem Butter gebacken.

*vermutlich Rosenwasser

Gersten Schleim.

Gerste
Wasser
Fleischbrühe

Die Gerste wird mit etwas kalten Wasser angerührt u. dann mit Suppe aufgefüllt, will man derselben Kalbknochen oder Henne darein kochen, so muß selbe zuerst blanschirt werden um die Gerste weiß zu erhalten.–

Blanschieren.

Heißt das Fleisch & Geflügel mit kaltem Wasser zum Feuer stellen, so lange bis es zum sieden kommt, dann stellt man es vom Feuer weg u. schüttet kaltes Wasser daran, stellt es dan wieder zum Feuer wie vorher bis es anfängt zum sieden dann wird in kalten Wasser abgewaschen u. mit einem reinen Tuch abgetrocknet; dadurch wird das Fleisch oder Geflügel weiß erhalten.–

Fasonieren

Faschiren.

Heißt Geflügel, Fleisch, Fisch, Wildpret u. Derpl füllen u. ihnen ihre gehörige Form geben.–

Grilliren.

Heißt ein Gerücht* auf einem Rost oder Plavon schnell fertig machen.–

* vermutlich Gericht

Kachelofen, Schieblhof/Tyrlbrunn bei Altenmarkt, Oberbayern (18. Jh.)

Frigasse als Ragout.–

1 Schlegel
Speck
Salz
Wurzeln
Zwiebeln
Fett
2–3 EL Mehl
Wasser

Man nimt einen getheilten Schlegel, spickt, wasche & salze ihn; dann kommt er in eine Reine, gibt Wurzel, Zwiebel u. ein schönes Stück Fett dazu, thut es in das Rohr brate u. begieße recht fleißig; wenn das Frigasse schön gebraten ist u. hat eine schöne Farbe, so nimmt man 2–3 Löffel voll Mehl, rührt es mit kalten Wasser, dann gibt man die Schöne dazu läßt es nochmal kochen, paßirt die Sauce durch, dann wenn es Zeit ist, kann man die Sauce anrichten und gibt das Friganto darauf, und so zu Tische.–

Farciren

Faschiren.

Heißt Geflügel, Fleisch, Fisch, Wildpret u. dergl. füllen u. ihnen ihre gehörige Form geben. —

Grilliren

Heißt ein Gericht auf feinem Rost oder starkem Feuer schnell fertig machen. —

Frigan~~te~~os als Ragout. —

Man nimt einen gethailten Schlegel, spickt, wasche & salze ihn; dan komt er in eine Reine, gibt Wurzel, Zwiebel u. ein schönes Stück Fett dazu, thut es in das Rohr braten u. begießen recht fleißig; wenn das Frigantes schön gebraten ist u. hat eine schöne Farbe, so nimt man 2 – 3 Löffel voll Mehl, rührt es mit kaltem Wasser, dan gibt man die Schöne dazu, läßt es nochmal kochen, passirt die Sauce durch, dan wenn es Zeit ist, kan man die Sauce anrichten und gibt das Friganto darauf, und so zu Tische. —

Hamel-Schlegel mit Gurken Sauce.—

Der Hamelschlägel wird ein wenig mit einem Holzschlägel geklopft, gesalzen u. in ein tiefes Kastrol gelegt, Zwiebel, gelbe Rüben, Petersilienwurzel & Wasser daran; deckt ihn zu u. laßt ihn dünsten, dann kan man einmal den Deckel wegthun damit er eine Farbe bekommt u. einbratet daß die Soß schön wird, man kan ihn aber als Braten auch geben.— Gibt man ihn als Ragoû so muß man 4 Löffel Mehl mit kalter Fleisch=brühe vermischen, dann die Soß von dem Schlägel und an das Mehl u. eine Sauce daran machen.— dann thut man ein wenig gebrannten Zucker daran, sonach wird sie durchgepassirt u. zum Feuer gestellt, unterdessen müssen die Gurken abge=schält werden, in schöne Stücke geschnitten und werden so in den Braten gut gekocht, oder in einer guten Fleischbrüh, dann wenn sie weich sind, thut man nun die Gurken in die Sauce, oder man garniert den Schlägel u. gibt die Sauce darüber.—

Hammel-Schlegel mit Gurken Sauce.–

1 Hammelschlegel
Salz
Zwiebeln
Gelbe Rüben
Petersilienwurzeln
Wasser
gebrannter Zucker
Gurken

Für die Sauce
4 El Mehl
Fleischbrühe

Der Hammelschlägel wird ein wenig mit einem Holzschlägel geklopft, gesalzen u. in ein tiefes Kastrol gelegt; Zwiebel, gelbe Rüben, Petersilienwurzel & Wasser daran; deckt ihn zu u. laßt ihn dünsten, dann kann man einmal den Deckel wegthun damit er eine Farbe bekommt u. einbratet daß die Schö schön wird, man kann ihn aber als Braten auch geben.– Gibt man ihn als Ragou so muß man 4 Löffel Mehl mit kalter Fleischbrühe, anrühren, dan die Schö von dem Schlegel und an das Mehl u. eine Sauce davon machen.– Dann thut man ein wenig gebranten Zucker daran, sonach wird sie durchpassirt u. zum Feuer gestellt, unterdessen müssen die Gurken abgeschält werden, in schöne Stücke geschnitten und werden so in den Braten gut gekocht, oder in einer guten Fleischbrüh, dann wenn sie weich sind, thut man die Gurken in die Sauce, oder man garnirt den Schlegel u. gibt die Sauce darüber.–

Frigasse' v. Hühnern.

1 Huhn

Für die Sauce
Grundrezept
Weiße Sauce*
Zitronenschale
1 Zwiebel
Saft einer ½ Zitrone

Das Huhn wird dressirt, blangirt, daß es weiß wird, macht eine weiße Sauce*, darein Zitronenschälchen, einen ganzen Zwiebel, von einer ½ Zitrone den Saft, legt das Huhn hinein, läßt es recht kochen und legirt es vor dem Anrichten.–

* siehe Weiße Caulis, Seite 28

Krebs-Suppe.

Krebse
Wasser
Essig
Salz
Kümmel
Butter
Fett
Mehl
Fleischbrühe
Brot

Krebse werden in Wasser gesotten, Essig Salz & Kümel darein, dann werden die Scheeren & Schweife ausgelöst, zerstößt alles übrige mit den Krebsen mit ein wenig Butter, unterdessen läßt man eine Fette zergehen, rührt sie mit Mehl an, gießt eine Fleischbrühe darauf, läßt es ein wenig kochen, thut dann die zerstossenen Krebse hinein, nochmal gekocht, durch ein Sieb gelassen und gewürfeltes Brod darein gethann.–

Frigassé v. Hühnern.

das Huhn wird dressirt, blanchirt, daß es weiß wird, macht eine weiße Sauce, darein Zitronenschälchen einen ganzen Zwiebel, von einer ½ Zitrone den Saft, legt das Huhn hinein, läßt es recht kochen und legirt es vor dem Anrichten.—

Krebs-Suppe.

Krebse werden in Wasser gesotten, Essig Salz & Kümmel darein, dann werden die Scheeren & Schweife ausgelöst, zerstößt alles übrige mit den Krebsen mit ein wenig Butter, unterdessen läßt man eine Butter zergehen röstet sie mit Mehl an, gießt eine Fleischbrühe darauf, läßt es ein wenig kochen, thut dan die zerstossenen Krebse hinein, nochmal gekocht, durch ein Sieb gelassen und geröstetes Brod darein gethan.—

Wurzel-Suppe.

Alle Wurzeln werden länglich geschnitten, gelbe Rüben, Kohlrüben, Blumen, Kohlwurzeln, Wasserrüben, Petersilienwurzel, thue sie in ein Kastrol dann ein wenig Zucker daran, wenn sie weich sind, füllt man sie mit Suppe auf und läßt sie kochen. — Das Brod dazu wird läng=lich geschnitten. —

Französische Sauce.

zu Spargel u. Karfiol.

3 Löffel Mehl kommen in ein Kastrol ein Ei groß Butter, ein Ei gelb, rühret dieses mit kaltem Wasser ab, thut mit dem Wasser wo Karfiol u Spargel gesotten wurden aufgießen, läßt es schön dicklich aufkochen u. gibt es in Sauce. —

Fisch-Sauce.

Butter u. Mehl läßt man mitsammen anlaufen gießt mit etwas Essig & Zucker auf, läßt sie ko-chen u. legirt sie vor dem Anrichten mit Eier=gelb. —

Wurzel-Suppe.–

Gelbe Rüben
Kohlrüben
Blumenkohl
Kohlwurzeln
Wasserrüben
Petersilienwurzeln
Fleischbrühe
Schö
Brot

Alle Wurzeln werden länglicht geschnitten, gelbe Rüben, Kohlrüben, Blumen*, Kohlwurzeln Wasserrüben, Petersilienwurzel, thue sie in ein Kastrol, dann ein wenig Suppe daran, wenn sie weich sind, füllt man sie mit Schö auf und läßt sie kochen.– Das Brod dazu wird länglicht geschnitten.–

* vermutlich Blumenkohl

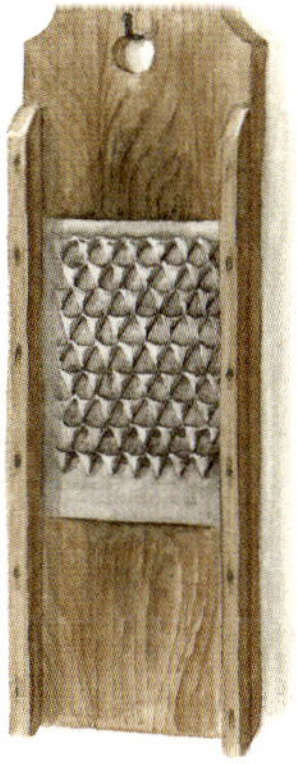

Französische Sauce.–
zu Spargel und Karfiol.–

3 EL Mehl
40 g Butter
1 Eigelb
Wasser
Karfiol- und Spargelsud

3 Löffel Mehl kommen in ein Kastrol, ein Ei groß Butter, ein Ei gelb, rührt dieses mit kalten Wasser ab, thut mit dem Wasser wo Karviol u Spargel gesotten wurden aufgießen, läßt es schön dicklicht aufkochen u. gibt es in Sauce.–

Fisch-Sauce.

Butter
Mehl
Essig
Fischsud
Eigelb

Butter u. Mehl läßt man mitsamen anlaufen gießt mit etwas Essig & Suppe* auf, läßt sie kochen u. legirt sie vor dem Anrichten mit Eiergelb.

*vermutlich Fischsud

Küche, Bauernhaus/Schnapping
bei Laufen, Oberbayern (16. Jh.)

Zwiebel-Sauce.

Zwiebeln
Butter
Mehl
Wasser
Fleischbrühe
Zucker
gebrannter Zucker

Zwiebel werden fein gewiegt, zuvor läßt man Butter u. Mehl ein wenig angehen, die Zwiebel dann hineingeworfen, rührt es mit kalten Wasser ab, hernach mit Fleischsuppe, thut etwas Zucker daran, u auch gebrannten Zucker nur daß sie gehörig braun wird. – Man braucht sie zum Rindfleisch.

Dampfnudel-Sauce.

Mehl
Milch
Zitronen oder
Vanillezucker
Eigelb mit Milch

Mehl wird in Milch angerührt, läßt es auf dem Feuer kochen, daß es zu einem ganz dünen Muß wird, thut hernach Ztronen oder Vanilenzucker daran, vor dem anrichten legirt man sie mit Eiergelb, welches vorerst mit etwas Milch abgerührt wird.–

Apfel-Kuchen.

7 Eier
125 g Zucker
3 Äpfel
Semmelmohl
Zitronenschale
Muskat

7 Eierdotter & ¼ Pfund Zucker, das weiße vom Schnee, wird ¼ Stunde miteinander abgerührt, schneide 3 Äpfel gewürfelt klein, von einem 2 Kreuzer Mundbrod das Semelmohl, etwas Zitronenschälchen u. Muscatnuß, dann kommt der Schnee hin und wird einem Model schön herausgebacken.–

Zwiebel-Sauce.

Zwiebel werden fein gewiegt, zuvor läßt man Butter u. Mehl ein wenig anziehen, die Zwiebel dann hineingeworfen, rührt es mit kaltem Wasser ab, hernach mit Fleischsuppe, thut etwas Zucker daran, u. auch gebrannten Zucker nur daß sie gehörig braun wird. – Man braucht sie zum Rindfleisch.

Dampfnudel-Sauce.

Mehl wird in Milch angerührt, läßt es auf dem Feuer kochen, daß es zu einem ganz dünnen Muß wird, thut hernach Zitronen oder Vanilen-zucker daran, vor dem anrichten legirt man sie mit Eiergelb, welches vorerst mit etwas Milch abgerührt wird.

Apfel-Kuchen.

7 Eierdotter & $\frac{1}{4}$ ℔ Zucker, das weiße zum Schnee, wird $\frac{1}{4}$ Stunde miteinander abgerührt, schneide 3 Äpfel gewürfelt klein, von einem 2 kr Mundbrod das Semmelmehl, etwas Zitronenschälchen u. Muskatnuß, dann kommt der Schnee hin und wird in einem Model schön heraus gebacken. –

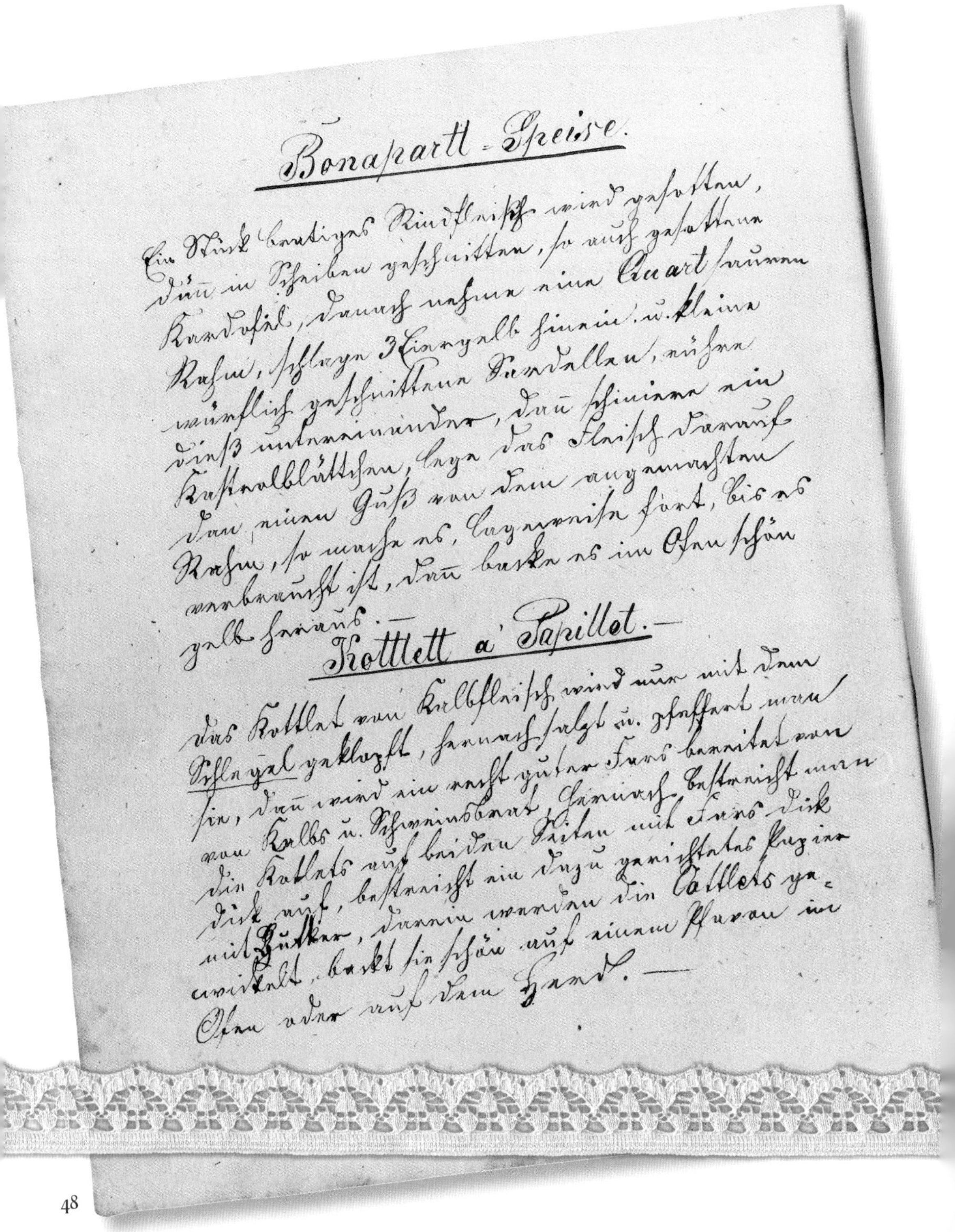

Bonapartt-Speise.

Ein Stück kerniges Rindfleisch wird gesotten, dün in Scheiben geschnitten, so auch gesottene Kardofel, danach nehme eine Quart saurem Rahm, schlage 3 Eiergelb hinein u. kleine würflich geschnittene Sardellen, rühre dieß untereinander, dan schmiere ein Kastrolblättchen, lege das Fleisch darauf dan einen Guß von dem angemachten Rahm, so mache es, Lagenweise fort, bis es verbraucht ist, dan backe es im Ofen schön gelb heraus.—

Kottlett a' Papillot.—

das Kottlet von Kalbfleisch wird nur mit dem Schlegel geklopft, hernach salzt u. pfeffert man sie, dan wird ein recht guter Fars bereitet von Kalbs u. Schweinsbrat hernach bestreicht man die Kotlets auf beiden Seiten mit Fars dik dik auf, bestreicht ein dazu geschnittenes Papier mit Butter, darein werden die Cotletts gewickelt, backt sie schön auf einem Pfanne im Ofen oder auf dem Herd.—

Bonapartt-Speise.

Rindfleisch
Kartoffeln
125 g Sauerrahm
3 Eigelb
Sardellen

Ein Stück bratiges Rindfleisch wird gesotten, dann in Scheiben geschnitten, so auch gesottene Kardofel, danach nehme eine Quart sauren Rahm, schlage 3 Eiergelb hinein u. kleine würflich geschnittene Sardellen, rühre dieß untereinander, dann schmiere ein Kastrolblättchen, lege das Fleisch darauf dan einen Guß von dem angemachten Rahm, so mache es, lageweise fort, bis es verbraucht ist, dann backe es im Ofen schön gelb heraus.–

Kottlett a'Papillot.–

Kalbskotelett
Salz
Pfeffer
Fars*
Butter

Das Kottlet von Kalbfleisch wird nur mit dem Schlegel geklopft, hernach salzt u. pfeffert man sie, dann wird ein recht guter Fars* bereitet von von Kalbs u. Schweinsbrat, hernach bestreicht man die Kotlets auf beiden Seiten mit Fars dick dick auf, bestreicht ein dazu gerichtetes Papier mit Butter, darein werden die Cottlets gewickelt, backt sie schön auf einem Plavon im Ofen oder auf dem Herd.–

* siehe Kalbfleisch-Fars, Seite 32

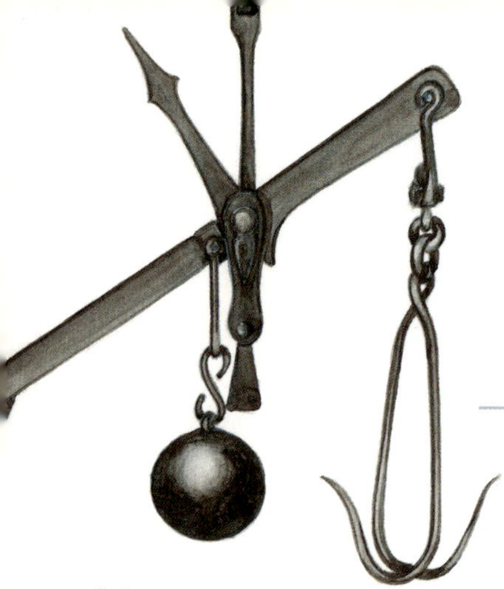

Balkenwaage

Schwarz-Wildpret.–

Wild
Wein
Lorbeerblätter
Pfefferkörner
Gewürznelken
Wacholderbeeren
Zwiebeln
Gelbe Rüben
Wasser

Zum Konservieren
Kalbsfüße
Schweinefett

Für die Sauce
Wildbretabschnitte
Kalbfleisch
Zwiebeln
Gelbe Rüben
Gewürznelken
Pfeffer
Lorbeerblätter
Wacholderbeeren
Zitronenschale
Fett
Fleischbrühe
Schwarzbrot
Mehl
Wildsud
Rotwein
Saft einer Zitrone
gebrannter Zucker

Das Wildbret wird ganz rein gewaschen, mit guten Wein, Lorbeerblatt, Pfefferkorn, Nelken, ganze Wacholderbeeren, Zwiebel, gelbe Rüben, auch etwas Wasser wird es dan zugesetzt, u. zum Abkochen kann man auch Wein anstatt Wasser nehmen. – Wenn man es einige Wochen aufzuheben beabsichtiget, so muß man Kälberfüsse in den Sud thun, zum mitkochen, daß es zugleich auch salzt*; wenn es weich wird, thut man es heraus, u. das Fleisch in den Bodenhafen, gießt den Stand darüber, läßt es abstehen, dann kommt oben auf eine gute Schweinsfette, daß keine Luft hineinkomt, und so bleibt es Wochen lange gut. – Zur Sauce werden vom Kopf oder anderen Wildpret die Abschnitte genommen, auch vom Kalbfleisch wird dazu gebraucht, Zwiebel, gelbe Rüben, Nelken, Pfeffer, Lorbeerblatt, Wacholderbeeren, Zitronenschälchen, und eine Fette; dieses thut man in ein Kastrol, läßt es recht weich dünsten, gießt auch öfter gute Suppe daran, man kann auch etwas schwarzes Brod hineinthun,

* vermutlich sulzt

Schwarz=Wildpret. –

das Wildbret wird ganz rein gewaschen, mit guten Wein, Lorbeerblatt, Pfefferkorn, Nelken, ganze Wachholderbeeren, Zwiebel, gelbe Rüben auch etwas Wasser wird es dan zugesetzt, u. zum Abkochen kan man auch Wein anstatt Wasser nehmen. – Wen man es einige (Wochen) aufzuheben beabsichtiget, so muß man Kälberfüsse in die Sud thun, zum mitkochen, daß es zugleich auch sulzt; wan es weich wird, thut man es heraus, u. das Fleisch in den Bodenhafen, gießt den Sud darüber, läßt es abstehen dan kommt oben auf eine gute Schweinsfette, daß keine Luft hineinkommt, und so bleibt es Wochen lange gut. Zur Sauce werden vom Kopf oder anderen Wildpret die Abschnitte genommen, auch vom Kalbfleisch wird dazu gebraucht, Zwiebel, gelbe Rüben, Nelken, Pfeffer, Lorbeerblatt, Wachholderbeeren, Zitronenschälchen, und eine Fette, dieses thut man in eine Kastrol, läßt es recht weich dünsten, gießt auch öfter gute Suppe daran, man kann auch etwas schwarzes Brod hineinthun, zuletzt staubt man es mit etwas Mehl, dan füllt man es von dem nemlichen Sud wo das Wildpret gekocht worden ist, auf. dan komt rother Wein daran, der Saft von einer Zitrone, und gefärbt wird es mit gebrenntem Zucker, auch komt so ein Stück Zucker hinein, damit die Sauce schön glänzt, wan sie aus=gekocht hat, gießt man sie durch ein Sieb und läßt sie dan mit dem Fleisch noch einmal aufkochen, dan ist sie sehr gut.

Boesteack a la Metterdottle

Beefsteaks: sprich: Bifsteck

Von einem schönen Stücklein Lindbratenfleisch wird die Haut gut weggeschnitten, dan gesalzen gepfeffert und dan liegen gelassen; unterdessen wiegt man Kräuter zusammen, Bertram, Petersilie, etwas Körbelkraut; läßt es in Butter aufkochen und ein wenig Suppe, dan komt Fette in ein Pfanne, u. das gesalzene Beefsteck hinein, läßt es schnell braten, richtet es auf eine Platte und begießt es sodan mit den gekoch=ten Kräutern.

zuletzt stäubt man es mit etwas Mehl, dann füllt man es von dem nemlichen Sud, wo das Wildpret gekocht worden ist, auf; dann kommt rother Wein daran, der Saft von einer Zitrone, und gefärbt wird es mit gebranntem Zucker, auch kommt so ein Stück Zucker hinein, damit die Sauce schön glänzt, wenn sie ausgekocht hat, paßirt man sie durch ein Sieb und läßt sie dann mit dem Fleisch noch einmal aufkochen, dann ist sie sehr gut.–

Boesteack a la Metterdottle.
Beefstakes: sprich: Bifsteck

Lindbraten
Salz
Pfeffer
Bertram
Petersilie
Körbelkraut
Butter
Fleischbrühe
Fett

Von einem schönen Stücklein Lindbratenfleisch wird die Haut gut weggeschnitten, dann gesalzen gepfeffert und dann liegen gelassen; unterdessen wiegt man Kräuter zusammen, Bertram, Petersielie, etwas Körbelkraut; läßt es in Butter aufkochen und ein wenig Suppe, dann kommt Fette in ein Plafon, u. das gesalzene Böfsteck hinein, laßt es schnell braten, richtet es auf eine Platte und begießt es sodann mit den gekochten Krautern.–

Saure Rahm-Nockerl.–

350 g Sauerrahm
500 g Mehl
8 Eigelb
ca. 600 ml Milch
Zucker
250 g Butter

¼ Mß sauren Rahm läßt man in einem Stückhen Butter sieden, dann kommen 8 Handvoll Mehl hinein, wird lang auf dem Feuer gerührt bis es drocknet, thue es vom Feuer, rühre 8 Eierdotter drein, rühre es recht schön ab, thue in ein Kastrol ½ Mß Milch, Zucker, ½ Pfund Butter, wenn die Milch siedet, werden die Nockerl hineingesetzt, lasse sie dann kochen, bis die Milch ganz eingekocht ist, und sie schöne Scharen haben; auch müssen sie zugedeckt sein.–

Milch Schardres mit Äpfel.–

8–9 Äpfel
6 Eier
6 EL Mehl
12 Tassen Milch
Zucker

8–9 große Äpfel werden fein geschnitten, nehme 6 Eier zu jedem Ei einen Löffel voll Mehl u. auf jedes Ei 2 obere Tassen Milch rühre das Mehl mit der Milch glatt, dann die Eier u. die Äpfel, Zucker nach belieben; es muß 1½ Stunden im Ofen bleiben u. mit dem Aufzugblech zu Tisch gegeben werden.–

Butterknetmaschine

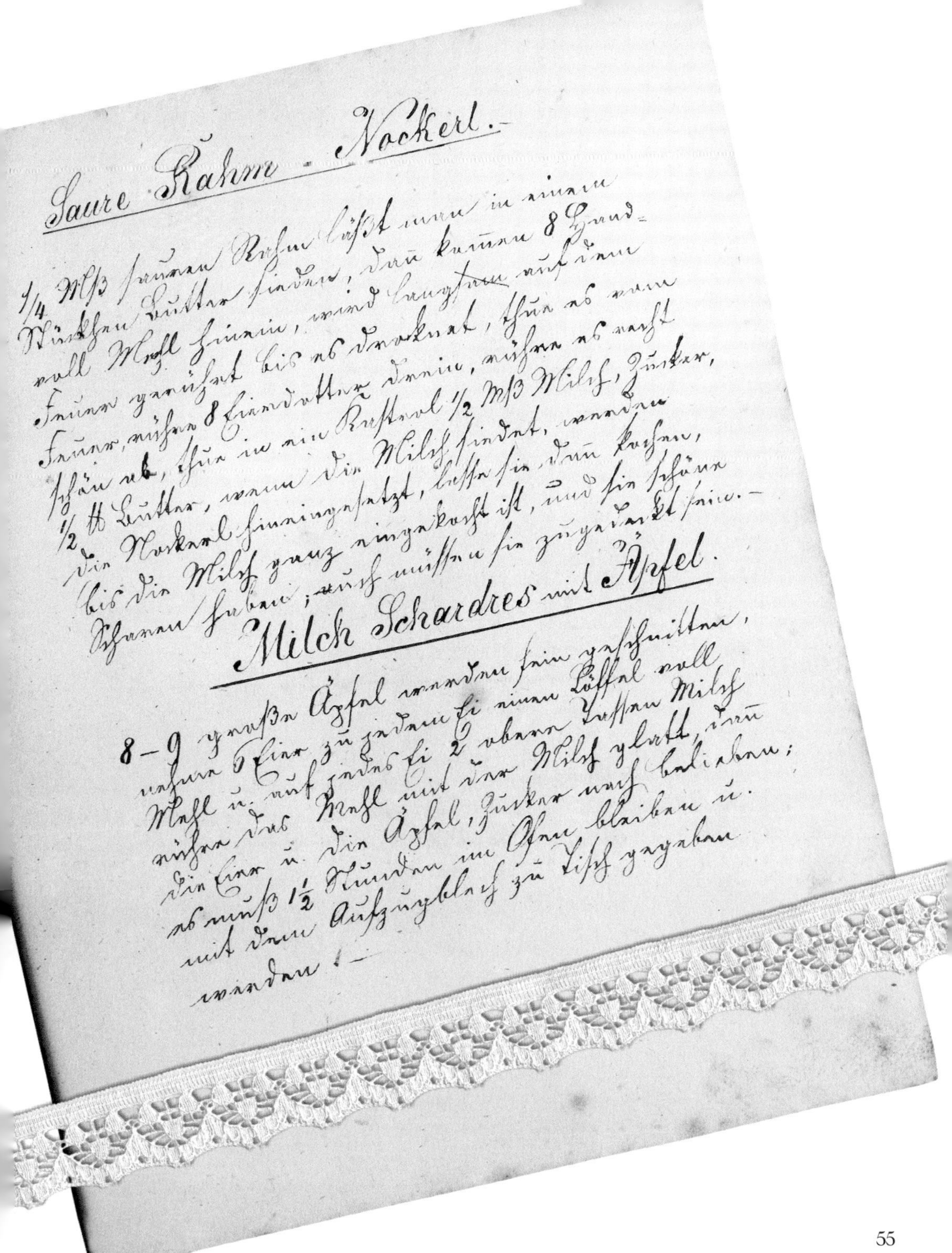
Saure Rahm - Nockerl.-
1/4 Maß sauren Rahm läßt man in einem Stückchen Butter sieden, dann kommen 8 Handvoll Mehl hinein, wird langsam auf dem Feuer gerührt bis es dreckert, thue es vom Feuer, rühre 8 Eierdotter darein, rühre es recht schön ab, thue in ein Kastrol 1/2 Maß Milch, Zucker & 1/2 ℔ Butter, wenn die Milch siedet, werden die Nockerl hineingesetzt, lasse sie dann kochen, bis die Milch ganz eingekocht ist, und sie schöne Schauen haben; auch müssen sie zugedeckt sein.-
Milch Schardres mit Äpfel.
8–9 große Äpfel werden fein geschnitten, nehme 6 Eier zu jedem Ei einen Löffel voll Mehl u. auf jedes Ei 2 obere Tassen Milch rühre das Mehl mit der Milch glatt, dann die Eier u. die Äpfel, Zucker nach belieben; es muß 1 1/2 Stunden im Ofen bleiben u. mit dem Aufzugblech zu Tisch gegeben werden!-

Gebackene Äpfel mit Krem.

Die Äpfel werden geschält, ausgestochen u. ein paar Stunden in Wein u. Zucker gemischt, dann herausgenommen, in Zimt u. Zucker u. zuletzt in Mehl umgekehrt, in Schmalz backen lassen, einen guten Wein, Krem darüber gemacht u. zur Tafel gegeben. —

Mandel Koch.

1 ℔ gestossene Mandeln kommen in eine Schüssel, werden 12 Eierdotter 1 ℔ Zucker daran gethan, eine halbe Stunde gerührt, bis es pflaumig ist, dann wird ½ ℔ Schmalz noch stark gerührt, streiche ein Blech mit Butter, thue den Teig hinein, lasse ihn langsam backen u. gib es warm zu Tische. —

Erdäpfel Speise.

Die gesottenen Kartofel werden zerdrückt, etwas Milch u. Salz darangegossen, thue es in eine Kastrol wo in Butter zergangen ist, lasse es auf beiden Seiten gelb werden, gib zum Rindfleisch oder mit Zucker als Zwischenspeise. —

Gebackene Äpfel mit Krem.

Äpfel
Wein
Zucker
Zimt
Mehl
Schmalz
Weinschotto*

Die Äpfel werden geschält, ausgestochen u. ein paar Stunden in Wein u. Zucker geweicht, dann herausgenommen, in Zimmet u. Zucker u. zuletzt in Mehl umgekehrt, in Schmalz backen lassen, einen guten Wein, Krem* darüber gemacht u. zur Tafel gegeben.–

* siehe Wein-Cremm, Seite 149

Mandel Koch.

500 g Mandeln
12 Eigelb
500 g Zucker
250 g Schmalz

1 Pfund gestossene Mandeln kommen in eine Schüssel, werden 12 Eierdotter, 1 Pfund Zucker daran gethan, eine halbe Stunde gerührt, bis es pflaumig ist, dann wird ½ Pfund Schmalz noch stark gerührt, streiche ein Blech mit Butter, thue den Taig hinein, laß ihn langsam backen u. gib es warm zu Tische.–

Erdäpfel Speise.

Kartoffeln
Milch
Salz
Butter
evtl. Zucker

Die gesottenen Kardofel werden zerdrückt, etwas Milch u. Salz darangegossen, thue es in ein Kastrol worin Butter zergangen ist, lasse es auf beiden Seiten gelb werden, gib zum Rindfleisch oder mit Zucker als Zwischenspeise.–

Kartoffelquetsche

Kardofel Pudding.

500 g Kartoffeln
60 g Zucker
6 Eier
Schale einer
½ Zitrone
2 Bittermandeln
125 g Butter

Nihm 1 Pfund fein geriebene Kardofel rühre sie mit 4 Lth Zucker, 6 Eierdottern, ½ Zitronenschaale 2 bittere Mandellaibl ¼ Pfund Butter verstoßen, dann schlage man 6 Eierklaar zu Schnee, rührt ihn leicht darunter, thut es in einen mit Butter bestrichenen u. mit Semelmehl bestreuten Model, läßt es langsam backen, es muß warm zu Tisch gegeben werden.–

Sauer Rahm-Auflauf mit Aprikosen.

6 EL Mehl
125 g süßer Rahm
6 Eier
750 g Sauerrahm
Aprikosen
oder andere Früchte

6 Löffel feines Mehl werden mit einem starken ½ Schoppen süssen Rahm abgerührt den Taig recht glatt geschlagen, nach & nach 6 Eiergelb, nebst 1½ Schoppen sauren Rahm dazu, schlägt das Weiße zu Schnee, rührt es langsam darunter, bestreicht einen Model mit Butter, überstreicht den Boden mit eingemachten Aprikosen oder sonst beliebigen Früchten u. das Gerührte darauf in den Ofen gethan u. langsam ausziehen lassen.–

Kardofel Pudding.

Nimm 1 ℔ fein geriebene Kardofel rühre
sie mit 4 Lth Zucker, 6 Eierdottern ½ Zi-
tronenschale 2 bittere Mandellaibl
¼ ℔ Butter verstoßen, dan schlage man
6 Eierklar zu Schnee, rühret ihn leicht
darunter, thut es in einen mit Butter
bestrichenen u. mit Semmelmehl bestreu-
ten Model, läßt es langsam backen, es
muß warm zu Tisch gegeben werden.—

Sauer Rahm-Auflauf mit Aprikosen.

6 Löffel feines Mehl werden mit einem
starken ½ Schoppen süßen Rahm abgerührt
den Teig recht glatt geschlagen, rührt noch
6 Eiergelb nebst 1½ Schoppen sauren Rahm
dazu, schlägt das Weiße zu Schnee, rührt
es langsam darunter, bestreicht einen
Model mit Butter, überstreicht den Bo-
den mit eingemachten Aprikosen oder
sonst beliebigen Früchten u. das Gerührte
darauf in den Ofen gestellt u. langsam
ausziehen lassen.—

Zitronen = Auflauf.

Man rührt eine kleine Hand voll Mehl mit 1 Quart Milch in einer Pfanne an, dann thut man nach Belieben Zucker hinein, er muß aber an der Zitrone abgerieben sein, nebst einer groß Butter dazu und läßt es unter beständigem Umrühren zu Muß kochen. Dann rühre eben so viel Butter, wie abgemacht pflaumig ab, rühre 6 Eiergelb daran, thue die Masse in ein mit Butter bestrichenes bestäubtes Blech und backt es. —

Reisschaum Torte.

Man kocht $\frac{1}{2}$ ℔ Reis in Milch zu einem weißen Muß, wenn es kalt ist nimt man Zimet, $\frac{1}{4}$ ℔ Zucker, von einer Zitrone die Schale, dieses wird flaumig gerührt, dann kommt der Schnee von 9 Eierklaren darunter, jetzt bestreicht man ein Blech mit Butter, belegt es mit dünnem Butterteig, dann thut man die Hälfte von der Reismasse darauf, legt ganze Borsdorfer Äpfel die mit Eingemachtem gefüllt sind darauf, welche zuvor in Zuckerwasser aufgekocht worden sind, dann die andere Hälfte darauf. —

Zitronen-Auflauf.

50 g Mehl
250 ml Milch
Zucker
1 Zitrone
zum Abreiben
Butter
6 Eigelb

Man rührt eine kleine Hand voll Mehl mit 1 Quart Milch in einer Pfanne an, dan kommt nach belieben Zucker hinein er muß aber an der Zitrone abgerieben sein, nebst eiergroß Butter dazu und läßt es unter beständigen umrühren zu Muß kochen. Dan rühre eben so viel Butter, wie oben recht pflaumig ab, rühre 6 Eiergelb daran, thue die Maße in ein mit Butter bestrichenes bestreutes* Blech und backt es.–

* vermutlich mit Semmelbrösel bestreut

Reisschaum Torte.

250 g Milchreis
Milch
Zimt
125 g Zucker
Schale einer Zitrone
9 Eiweiß
Butterteig*
Borsdorfer Äpfel
Zuckerwasser
Eingemachtes

Man kocht ½ Pfund Reis in Milch zu einem weißen Muß, wenn es kalt ist nimmt man Zimet, ¼ Pfund Zucker, von einer Zitrone die Schaale, dieses wird flaumig gerührt, dann kommt der Schnee von 9 Eierklaar darunter, jetzt bestreicht man ein Blech mit Butter, belegt es mit dünnen Buttertaig*, dann thut man die Hälfte von der Reismaße darauf, legt ganze Borstorfer Äpfel die mit Eingemachten gefüllt sind darauf, welche zuvor in Zuckerwasser aufgekocht worden sind, dann die andere Hälfte darauf.–

* siehe Butterteig, Seite 93

Schweinfleisch auf Wildpretart.

Schweinerippen
Salz
Wacholderbeeren
Essig
Wasser
Lorbeerblätter
Pfefferkörner
Gewürznelken
Zwiebeln
Zitronenschale
Brotrinde
Zucker
braune Einbrenne

Man nimmt ein Rippenstück, wofon die obere Haut mit einer glühenden Schaufel gebrennt wird; dann reibt man das Fleisch mit einigen zerdrückten, mit Salz vermischten Walcholderbeeren ein, Essig daran gespritzt und einige Tage stehen lassen. Dann wird es wie Schwarzwildbret in einen Diegel mit halb Essig, halb Wasser, Lorbeerblätter, Pfefferkörner, Gewürznelken, Zwiebel, Zitronenschaalen, Brodrinde gedünstet, bis es weich ist. Dann wird eine braune, mit Zucker gemachte Einbrenn darein gethann, alles muß noch gut aufkochen, dann wird die Sauce durchpassirt.

Bratenfülle auf 3–4 Tauben.

60 g Butter
2 Eier
Salz
Milch
Semmelbrösel
Petersilie
oder andere Kräuter

4 Loth Butter wird abgetrieben, 2 Eier darunter verührt, gesalzen, ein Becher Milch daran und um 1½ Kreuzer Semelbrösel klein gewiegten Petersilie oder anderes Grünes, dann eingefüllt. Dasselbe benützt man auch zu Knödel, entweder gesotten oder nochmal in Brösel umgedreht, in Schmalz gebacken, in Suppe aufgekocht, oder in der Sauce.

Kuchelmichel 10–12 Personen.

2½ l Milch
15 EL Mehl
15 Eier
Salz
Zucker

2 Maß Milch 15 Löffel feines Mehl 15 Eier werden gut vermengt und diese fließende Masse, wozu auch etwas Salz und Zucker kommt, wird in die mit Butter ausgeschmirte Reine geschüttet, und schnell gebacken.

Schweinfleisch auf Wildpretart.

Man nimmt ein Rippenstück, wovon die obere Haut mit einer glühenden Schaufel gebrannt wird, dann reibt man das Fleisch mit einigen zerdrückten, mit Salz vermischten Wacholderbeeren ein, Essig daran gespritzt und einige Tage stehen lassen. dann wird es wie Schwarzwildbret in einem Tiegel mit halb Essig, halb Wasser, Lorbeerblätter, Pfefferkörner, Gewürznelken, Zwibel, Zitronenschalen, Brodrinde gedünstet, bis es weich ist. dann wird eine braune mit Zucker gemachte Einbrenne daran gethan, alles muß noch gut aufkochen. dann wird die Sauce durchgeseiht.

Bratenfülle auf 3–4 Tauben.

4 Loth Butter wird abgetrieben, 2 Eier darunter gerührt, gesalzen, ein Becher Milch daran und um 1½ kr Semmelbrösel klein geschnittene Petersilie oder anderes Grünes, dann eingefüllt. Dasselbe benützt man auch zu Knödeln, entweder gesotten oder manchmal in Bröseln umgedreht, in Schmalz gebacken, in Suppe aufgekocht, oder in der Sauce.

Kuchelmichel 10–12 Personen.

2 Maß Milch 15 Löffel feines Mehl 15 Eier werden gut vermengt und diese fließende Masse, wozu auch etwas Salz und Zucker kommt, wird in die mit Butter ausgeschmierte Rein geschüttet, und schnell gebacken.

Wein-Auflauf.–

Mache Wein siedend, thue Reibbrod hin, bis es sich von der Pfanne löst, schütte es in eine Schüssel, drücke ein wenig Butter darein, rühre 3 Eiergelb daran, Zucker nach Gutdünken zuletzt den Schnee dareingedrückt und gebacken.–

Gei Suppe.

Es werden gelbe Rüben, Petersilie u. Zwiebel welche nicht geschält werden in Scheiben geschnitten und damit der boden des Kastrols belegt Fett oder Butter dazu und das Fleisch damit belegt, läßt es auf dem Feuer stark braun werden, dann schütte etwas kaltes Wasser daran u. lasse es langsam kochen.–

Dressieren

Heißt, der Speise eine Form geben. —

Wein-Auflauf.–

Wein
Reibbrot
Butter
3 Eier
Zucker

Mache Wein siedend, thue Reibbrod hin, bis es sich von der Pfanne löst, schütte es in eine Schüssel, drücke ein wenig Butter darein, rühre 3 Eiergelb daran, Zucker nach Gutdünken zuletzt den Schnee dareingedrückt und gebacken.

Gai Suppe.

Gelbe Rüben
Petersilie
Zwiebeln
Fett oder Butter
Fleisch
Wasser

Es werden gelbe Rüben, Petersilie u. Zwiebel welche nicht geschällt werden in Scheiben geschnitten und damit der Boden des Kastrols belegt Fett oder Butter dazu und das Fleisch damit belegt, läßt es auf dem Feuer stark braun werden, dann schütte etwas kaltes Wasser daran u. laße es langsam kochen.–

Dressieren

Heißt, der Sache eine Form geben.–

Küche, Mesnerhof/Siegertsbrunn bei München, Oberbayern (Anfang 20. Jh.)

Lebkuchen.

500 g Mandeln
500 g Zucker
11 Eier
8 g Zimt
4 g Nelkenpulver
8 g Careemonen
Schale einer Zitrone
60 g Pomeranzen-schale
60 g Zitronat
500 g Mehl
Oblaten
Zitronenscheiben

1 Pfund geschwellte Mandeln 4–5 Stückchen verschnitten, gelb geröstet oder auf dem Ofen getrocknet, 1 Pfund gesiebter Zucker wird mit 11 Dotter recht geschlagen, hierauf ½ Loth Zimmet, ¼ Loth Nelken ½ Loth Careemonen alles gröblich gestossen, dann von einer Zitrone die fein geschnittene Schaale, wie auch 4 Loth Pomeranzenschaalen und 4 Loth Zitronat dazu gethann, gut verührt; dann das Eiweiß zu Schnee geschlagen, zuletzt die Mandeln, 1 Pfund feines Mehl. Dann werden die Oblaten fingerdick bestrichen, mit Zitronenscheiben oder geschwelten Mandeln belegt, im Ofen langsam gebacken.– Die Masse gibt 14 Stück ohngefähr wie ein Quartblatt.–

Bisquit-Bogen.

6 eischwer Zucker
6 eischwer Mehl
4 Eier
Zitronenschale
Mandeln

Man wiegt so viel Zucker der so schwer ist als 6 Eier ebensoviel Mehl, nimmt dann 4 Eierdotter in eine Schüssel rührt es ½ Stunde mit dem gesiebten Zucker, dann kommt das zu Schnee geschlagene Eierweiß, Mehl, klein geschnittene Zitronenschaalen, dann nimmt man ein Blech mit Schmalz, beschmirt, bestreicht die Masse darauf, bestreut es mit Zucker und Mandeln, thut es ins Rohr, wenn es hellgelb ist, thut mans heraus, schneidet, biegt es schnell so lange es weich ist über Blechbögen, stellt es nochmal ins Rohr.–

Lebkuchen.

1 ℔ geschwellte Mandeln 4–5 Stückchen verschnitten,
gelb geröstet oder auf dem Ofen getrocknet, 1 ℔ gesiebten
Zucker wird mit 11 Dotter recht geschlagen, hierauf ½ Loth
Zimmt ¼ Loth Nelken ½ Loth Caremonen alles gröblich gestoßen
dann von einer Zitrone die fein geschnittene Schale, wie auch
4 Loth Pomeranzenschalen und 4 Loth Zitronat dazu gethan,
gut verrührt, dann das Eiweiß zu Schnee geschlagen, zuletzt
die Mandeln, 1 ℔ feines Mehl, dann werden die Oblaten
fingerdick bestrichen, mit Zitronenscheiben oder geschwellten
Mandeln belegt, im Ofen langsam gebacken. — Die Masse
gibt 14 Stück ohngefähr wie ein Quartblatt. —

Bisquit-Bogen.

Man wiegt so viel Zucker der so schwer ist als 6 Eier
ebensoviel Mehl, nimt dann 4 Eierdotter in eine Schüssel
rührt es ½ Stunde mit dem gesiebten Zucker, dann kommt
das zu Schnee geschlagene Eierweiß, Mehl, klein geschnittene Zitronen
schalen, dann nimt man ein Blech mit Schmalz, beschmiert, be-
streicht die Masse darauf, bestreut es mit Zucker und Mandeln
thut es ins Rohr, wenn es halbgelb ist, thut man's heraus, schnei-
det biegt es schnell so lange es weich ist über Blechbögen, stellt
es nochmal ins Rohr. —

Trauben-Auflauf.—

Nehme 4 Mundsemmel reibe sie ab koche sie in Milch zu einem dicken Muß, wenn es kalt ist rühre es mit 8 Eierdotter recht schaumig nebst Zucker, Zimmt, Zitronen zuletzt den Schnee in einen mit Butter bestrichenen Model u. laß es im Rohr ausziehen.—

Zwetzgen einzusieden.—

Zu 120 Zwetschgen nehme man 1 lb Zucker 1 Maß Weinessig, man gibt den Zucker u. Essig in eine Pfanne nebst ganzen Zimmt u. ganzen Nelken, läßt es sieden, trocknet die Zwetschgen mit einem Tuche ab u. gibt sie in den siedenden Essig; läßt sie so lange darin, bis die Haut Rizel bekommt, gibt sie dann in den kleinen Hafen, gießt den Essig darüber, läßt es abkühlen, bindet es dann zu, sticht Löcherl durch das Papier u. bewahrt sie auf.— So siedet man auch die Weichsel ein.—

Trauben-Auflauf.–

Mundbrot
Milch
8 Eier
Zucker
Weintrauben
Zimt
Zitronen

Nehme 4 Mundbrod reibe sie ab koche sie in Milch zu einem dicken Muß, wenn es kalt ist rühre es mit 8 Eierdotter recht schaumig nebst Zucker, Zimet, Zitronen, zuletzt den Schnee in einen mit Butter bestrichenen Modell u. laß es im Rohr ausziehen.–

Zwetzgen einzusieden.–

ca. 2 kg Zwetschgen
500 g Zucker
1¼ l Weinessig
Zimtstangen
Gewürznelken

Zu 120 Zwetschgen rechnet man 1 Pfund Zucker 1 Maß Weinessig, man gibt den Zucker u. Essig in eine Pfanne nebst ganzen Zimet u. ganzen Nelken, läßt es sieden, troknet die Zwetschgen mit einem Tuche ab u. gibt sie in den siedenden Essig; läßt sie so lange darin, bis die Haut Rizel bekommt, gibt sie dann in den kleinen Hafen, gießt den Essig darüber, läßt es abkühlen, bindet es dann zu, sticht Löcherl durch das Papier u. bewahrt sie auf. – So siedet man auch die Weichsel ein.–

Mandelbögen.

60 g Zucker
1 Ei
60 g Mandelsplitter
viereckige Oblaten
evtl. Streuzucker

Nimm 4 Loth gesiebten Zucker in eine Schüssel, schlage 1 Ei daran rühre es ¼ Stunde, nimm 4 Loth abgezogene Mandel, schneide selbe fein, länglicht, gib es in das Geührte hinein, rühre es noch etliche Male um, so ist es gut. Schneide Oblaten viereckig, bestreiche die Oblaten mit dem Mandelteig, lege es auf, backe selbe in einem etwas kühlen Rohr, nimms heraus, biege sie über dem Nudelwalger. Mann kann sie auch mit dem Streuzucker besähen.

Französische-Suppe.

3–4 Petersilienwurzeln
Sellerie
Gelbe Rüben
Kohlraben
Butter
2 El Mehl
Fleischbrühe
Semmeln

Putze 3–4 Petersilienwurzeln und Zellerie, gelbe Rüben Kohlraben, Alles länglicht geschnitten, wasche sie rein, und lasse sie in Butter weich dünsten, hernach stäube 2 Kochlöffel voll Mehl daran, dünste es noch ein wenig und gieße Rindssuppe auf, so viel man braucht, lasse sie aussieden und richte sie über gebackene Semmeln an.

Zuckerkolatschen.

180 g Zucker
180 g Butter
2 Eier
3 Eigelb
220 g Königsmehl
Oblaten
Zucker
Mandeln

Man nimmt 12 Loth Zucker, 12 Loth Butter, rühre dieses ½ Stunde, lang gut, nehme 2 Eier, 3 Dotter, rühre es gut ab, dann kommen 14 Loth Königsmehl hin, rühre das Mehl gut hinein, dann werden Oblaten auf ein Blech gesetzt, kleine Laibchen darauf, bestreue sie mit Zucker u. Mandeln und backe sie.–

Mandelbögen.

Nimm 4 Loth gestoßenen Zucker in eine Schüssel, schlage 1 Ei darein, rühre es 1/4 Stunde, nimm 4 Loth abgezogene Mandel, schneide selbe fein, länglicht, gib es in das Gerührte hinein, rühre es noch etliche Male um, so ist es gut. Schneide Oblaten viereckig, bestreiche die Oblaten mit dem Mandelteig, lege es auf, backe selbe in einem etwas kühlen Rohr, nimm's heraus, biege sie über dem Nudelwalger. Man kann sie auch mit dem Streuzucker bestreuen.

Französische-Suppe.

Putze 3 – 4 Petersilienwurzeln und Sellerie, gelbe Rüben, Kohlrüben, Alles länglicht geschnitten, wasche sie rein, und lasse sie in Butter weich dünsten, hernach staube 2 Kochlöffel voll Mehl daran, dünste es noch ein wenig und gieße Rindsuppe auf, so viel man braucht; lasse sie aufsieden und richte sie über gebackene Semmeln an.

Zuckerkolatschen.

Man nimmt 12 Loth Zucker, 12 Loth Butter, rühre dieses 1/2 Stunde, lang gut, nehme 2 Eier, 3 Dotter, rühre es gut ab, dann kommen 14 Loth Königsmehl hin, rühre das Mehl gut hinein, dann werden Oblaten auf ein Blech gesetzt, kleine Laibchen darauf, bestreue sie mit Zucker u. Mandeln und backe sie. —

Gurken eingesotten. —

Man legt die Gurken in einen Hafen, gießt Salzwasser darüber bis es über die Gurken geht, läßt es so zugedeckt 8 Tage lang im Keller stehen, gießt dann das Salzwasser ganz davon ab und gibt gewöhnlichen Essig daran, läßt es wieder 8 Tage stehen, gießt diesen Essig ebenfalls ab, thut die Gurken in einen messingenen Pfanne, schüttet guten Weinessig daran u. läßt dieses mit einander einen Wall auf= sieden, auch thut man ganze Pfefferkörner u. Fenchel mitsieden, läßt dieß alles zu= sammen erkalten, thut sie in einen Hafen bindet ihn zu, so sind sie fertig. —

Russischen Krem.

Man schlägt 9 Eierdotter in einen Hafen wirft ebensoviel eingeschüttete Kaffeeschalevoll Zucker rührt alles gut ab, stelle es auf die Glut, hört dabei nie auf es zu strudeln, wenn es anfängt dick zu werden stellt man es vom Feuer thut es in eine Schüssel, rührt es bis es kalt wird dann macht man von einer Maß süßen Rahm einen Schnee rührt ihn unter den Krem, gibt auch beliebigen Arak oder Kirschwasser dazu, gießt ihn in Assietten und gibt ihn kalt zur Tafel. —

Wagnerhäusl/Brandstätt
bei Gars, Niederbayern
(Anfang 20. Jh.)

Gurken eingesottene.–

Gurken
Salzwasser
Essig
Pfefferkörner
Fenchel*

Man legt die Gurken in einen Hafen, gießt Salzwasser darüber, bis es über die Gurken geht, läßt es so zugedeckt 8 Tage lang im Keller stehen, gießt dann das Salzwasser ganz davon ab und gibt gewöhnlichen Essig daran, läßts wieder 8 Tage stehen, gießt diesen Essig ebenfalls ab, thut die Gurken in eine messingene Pfanne, schütte guten Weinessig daran u. läßt dieses mit einander einen Wall aufsieden, auch thut man ganze Pfefferkörner u. Fenchel mitsieden, läßt dieß alles zusammen erkalten, thut sie in einen Hafen bindet ihn zu, so sind sie fertig.–

* vermutlich Fenchelsamen

Russischen Krem.

9 Eigelb
9 TL Zucker
1¼ kg süßer Rahm
Arak oder
Kirschwasser

Man schlägt 9 Eierdotter in einen Hafen, nimt ebensoviel feingestossene Kafelofelvoll Zucker, rührt alles gut ab, stelle es auf die Glut, hört dabei nie auf es zu strudeln, wenn es anfängt dick zu werden, stellt man es vom Feuer thut es in eine Schüssel, rührt es bis es kalt wird dann macht man von einer Maß süssen Rahm einen Schnee rührt ihn unter den Krem, gibt nach belieben Arak oder Kirschwasser dazu, gießt ihn in Asiete und gibt ihn kalt zur Tafel.–

Wagnerhäusl/Brandstätt
bei Gars, Oberbayern
(Anfang 20. Jh.)

Schwarz-Brod-Pudding.

60 g Butter
7 Eigelb
60 g Mandeln
Zitronat
kandierte
Pomeranzenschale
Zimt
Nelkenpulver
75 g abgeriebenes
Schwarzbrot
5 Eiweiß

4 Lth Butter wird recht flaumig abgerührt nach u. nach 7 Eierdotter 4 Lth abgezogene fein gestossene Mandeln etwas gewiegten Zitronat ebensoviel kantirte Pomeranzenschaalen, ein wenig Zimet u. gestossene Nelken nebst 5 Lth feingeriebenes schwarzes Brod u. zuletzt den festgeschlagenen Schnee von 5 Eierklaaren dazu, alles gut untereinander gemengt, in eine mit Butter bestrichene Form gefüllt u. 1 Stunde im Dunste gesotten.–

Kaiser-Kuchen.

6 Eier
6 eischwer Zucker
Zitronenschale*
Pomeranzenschale
24 Mandeln
6 eischwer Mehl

Man rührt 6 Eier mit 6 Eierschweren Zucker 1 volle Stunde gibt dann feingewiegte Zitronen* und Pomeranzenschaalen dazu auch 24 Mandeln werden fein gewiegt, darunter geworfen zuletzt das Mehl welches 6 Eier schwer sein muß, rührt nochmal recht gut ab, füllts in den Model; es ist zu Wein & Thee recht gut.–

* vermutlich Zitronat

Schwarz-Brod-Pudding.

4 Lth Butter wird recht flaumig abgerührt nach u. nach 7 Eierdotter 4 Lth abgezogene fein gestossene Mandeln etwas geriebenes Zitronat ebensoviel kandirte Pomeranzenschalen ein wenig Zimmt u. gestossene Nelken nebst 5 Lth feingeriebenes Schwarzbrod u. zuletzt den festgeschlagenen Schnee von 5 Eierklarn dazu, alles gut untereinander gemengt in eine mit Butter bestrichene Form gefüllt u. 1 Stunde im Dunste gesotten. –

Kaiser-Kuchen.

Man rührt 6 Eier mit 6 Eierschweren Zucker 1 volle Stunde gibt dann feingewiegte Zitronen und Pomeranzenschalen dazu auch 24 Mandeln werden fein gewiegt, darunter gegeben zuletzt das Mehl welches 6 Eier schwer sein muss, rührt nochmal recht gut ab, füllts in den Model; es ist zu Wein & Thee recht gut. –

Kaiser ~~Kuchen~~ Pudding.

Die Rinde von 1 Kr Semmel wird abgerieben, in Milch eingeweicht u. ausgedrückt, 1 ℔ feingestossene Mandeln, 1/4 ℔ gestossenen Zucker, die Schale von einer Zitrone welche fein gewiegt wird. Rührt den Butter mit 2 ganze Eier u. 6 Dotter ab, gibt auch 1/2 Quart süssen Rahm dazu, rührt es recht gut ab, nun füllt diese Masse in einen mit Butter bestrichenen Form, gibt siedendes Wasser in einen Tiegel und stellt den Form hinein, lässt selbes eine Stunde lang kochen macht dann von 1 Quart Wein u. 5 Eierdotter einen Schato darüber.–

Punsch Torten

Einen 1/4 ℔ Butter recht pflaumig abgerührt, 8 Eier darein geschlagen, eines nach dem andern, gibt 12 Lth gestossenen Zucker u. 16 Lth Mehl, rührt dieses durcheinander, backe aus dem Teig 2 Fladen, bestreiche den einen mit dem Guss u. decke den anderen darauf. Bestreiche dann den oberen wieder mit dem Guss u. lasse sie langsam anziehen. Den Guss mache von Arack, Zitronensaft u. Zucker, dass es wie ein Rindsmuss wird; es darf aber nur wenig gerührt werden, dass es den Glanz nicht verliert. Zu dem Eis zur Verzierung nehme 1 Eiklar u. 7 Lth Zucker.

Kaiser Pudding.

Semmeln
Milch
500 g Mandeln
125 g Zucker
Schale einer Zitrone
Butter
2 Eier
6 Eigelb
125 g süßer Rahm

Für die Sauce
250 ml Wein
5 Eigelb

Die Rinde vom 1 Kreuzer Semel wird abgerieben, in Milch eingeweicht u. ausgedrückt, 1 Pfund feingestossene Mandeln, ¼ Pfund gestossenen Zucker, die Schaale von einer Zitrone welche fein gewiegt wird. Rührt den Butter mit 2 ganze Eier u. 6 Dotter ab, gibt auch ½ Quart süssen Rahm dazu, rührt es recht gut ab; man füllt diese Masse in einen mit Butter bestrichenen Form, gibt siedendes Wasser in einen Diegel und stellt den Form hinein, laßt selbes eine Stunde lang kochen macht dan von 1 Quart Wein u. 5 Eierdotter einen Schoko* darüber.–

* vermutlich Schotto, siehe Seite 149
Rezept statt Milch mit Wein

Punsch Torten

125 g Butter
8 Eier
180 g Zucker
250 g Mehl

Für den Guss
Arak
Zitronensaft
Zucker

Für die Verzierung
1 Eiweiß
100 g Zucker

Es werden ¼ Pfund Butter recht pflaumig abgerührt, 8 Eier Eier daran geschlagen, eines nach dem andern, gibt 12 Loth gestossenen Zucker u. 16 Lth Mehl, rührt dieses durcheinander, backe aus dem Taig 2 Fladen, bestreiche den einen mit dem Gruß u. decke den anderen darauf, besteiche dann den oberen wieder mit dem Guß u. lasse sie langsam anziehen. Den Guß mache von Arack, Zitronensaft u. Zucker, daß es wie ein Kindsmuß wird; es darf aber nur wenig gerührt werden, daß es den Glanz nicht verliert. Zu dem Eis* zur Verzierung nehme 1 Eierklaar u. 7 Lth Zucker.

* siehe Eis auf Dorten, Seite 93

Sago-Suppe.

250 g Sago
Wasser
3¾ l Fleischbrühe
Salz
evtl. Kalbsbries

Sago wird mit heißen Wasser angebrüht und darin gekocht, ist er genug gekocht, so wird er abgeseiht u. mit kalten kalten Wasser abgerührt. Ist er abgelicht u. das Wasser davon abgelaufen, schüttet man ihn in die heiße Fleischbrühe, salzt ihn, warm zu kochen braucht er nicht mehr. Wenn man will, kann man auch Kalbsprisen sieden, viereckige Stückchen herunter schneiden, dieselben vor dem Anrichten in die Suppe thun. Man macht den Sago auf gewöhnliche Weise, so thut man ihn gleich in siedende Suppe. – Auf 3 Maß Suppe rechnet man ½ Pfund Sago.–

Gehirn-Kuchen zum Gemüse.

4 halbe Hirn
250 g Butter
8 Eier
300 g Semmelmehl
ca. 600 ml Milch
Salz
Schnittlauch

Wasche & häute 4 halbe Hirn, nehme ½ Pfund Butter rühre ihn gut ab, schlage nach u. nach 8 Eier hin, thue 8 Händ voll Semelmehl daran, rühre es durcheinander, dann gib das Hirn darunter verühre es recht gut, zuletzt verdünne diese Masse mit ohngefähr ½ Maaß Milch, gibt etwas Salz & Schnittlauch darunter, fülle dann die Masse in eine mit Butter bestrichene und Semelmehl bestreute Model u. läßt ihn langsam backen.–

Sago-Suppe.

Sago wird mit heißem Wasser angebrüht u. dann gekocht, ist er ganz gekocht, so wird er abgeseiht u. mit kaltem kaltem Wasser abgerührt. Ist er abgekühlt u. das Wasser davon abgelaufen, schüttet man ihn in die heiße Fleischbrühe, salzt ihn, wenn zu kochen braucht er nicht mehr. Wenn man will, kann man auch Kalbsbriesen sieden, viereckige Stückchen herunter schneiden, dieselben vor dem Anrichten in die Suppe thun. Man macht den Sago auf gewöhnliche Weise, so thut man ihn gleich in siedende Suppe. – Auf 3 Maß Suppe rechnet man ½ ℔ Sago. –

Gehirn-Kuchen zu Gemüse.

Wasche & häute 4 Kalbshirn, nehme ½ ℔ Butter rühre ihn gut ab, schlage nach u. nach 8 Eier hin, thue 8 Hand voll Semmelmehl daran, rühre es durcheinander, dann gib das Hirn darunter verrühre es recht gut, zuletzt verdünne diese Masse mit ohngefähr ½ Maaß Milch, gibt etwas Salz & Schnittlauch darunter, fülle dann die Masse in einen mit Butter bestrichenen und Semmelmehl bestreuten Model u. läßt ihn langsam backen. –

Butter Nockerl.

Es wird 1/4 ℔ Butter recht pflaumig abgerührt 4 große Eier daran geschlagen u. 4–5 gute Kochlöffel voll feines Mehl daran gerührt mit Salz u. geriebener Muskatnuß wird es abgewürzt, dann werden die Nockerl mit einem Löffel herausgemacht u. in siedendem Wasser oder Fleischbrühe gesotten; man kann zuerst einen probieren um zu sehen ob der Teig ganz fertig ist.—

Gebackene Griesknödel.

Man läßt 1 Quart Milch siedend werden, thut ein klein Stück Butter daran, schüttet eine obere Tasse Gries u. etwas Salz daran, läßt den Teig anziehen, bis er die gehörige Stärke hat. Ist er etwas abgekühlt rührt man 2 Eier daran. Der Teig muß längere Zeit vorher gemacht werden, weil er sehr anzieht. Dann werden kleine Knödel gemacht, u. in heißem Schmalz herausgebacken. Man kann sie auch in siedender Fleischbrühe ~~mit~~ machen, da müssen sie eine Stunde kochen. Zuerst wird eins probirt. Portion für 10–12 Personen.—

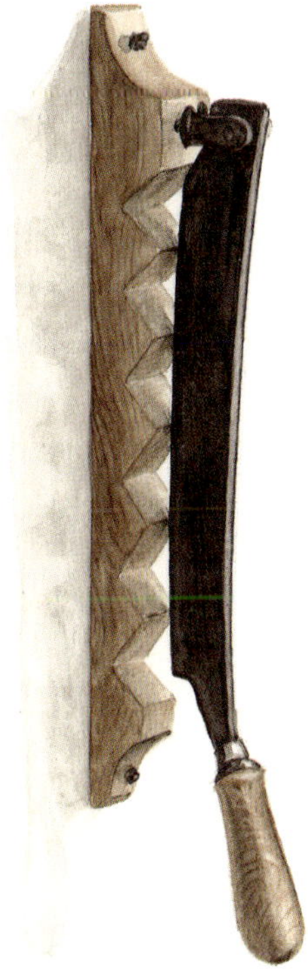

Spanspalter

Butter Nockerl.

125 g Butter
4 große Eier
4–5 El Mehl
Salz
Muskat
Wasser oder
Fleischbrühe

Es wird ¼ Pfund Butter recht pflaumig abgerührt 4 große Eier daran geschlagen u. 4–5 gute Kochlöffel voll feines Mehl daran gerührt mit Salz u. geriebener Muskatnuß wird es abgewürzt, dann werden die Nockerl mit einem Löffel herausgemacht u. im siedenden Wasser oder Fleischbrühe gesotten; man kann zuerst einen probieren um zu sehen ob der Taig ganz fertig ist.–

Gebackene Griesknödel.

250 ml Milch
Butter
1 Tasse Grieß
Salz
2 Eier
Schmalz oder
Fleischbrühe

Man läßt 1 Quart Milch siedend werden, thut ein klein Stück Butter daran, schüttet eine obere Tasse Gries u. etwas Salz daran, läßt den Taig anziehen, bis er die gehörige Stärke hat. Ist er etwas abgekühlt rührt man 2 Eier daran. Der Taig muß längere Zeit nachher gemacht werden, weil er sehr anzieht. Dann werden kleine Knödel gemacht, u. im heißen Schmalz herausgebacken. Man kann sie auch in siedender Fleischbrühe machen, da müssen sie eine Stunde kochen. Zuerst wird eins probirt. Portion für 10–12 Personen.–

Küche mit Vorratsschrank, Bauernhaus in Gessenhausen, Oberbayern (16. Jh.)

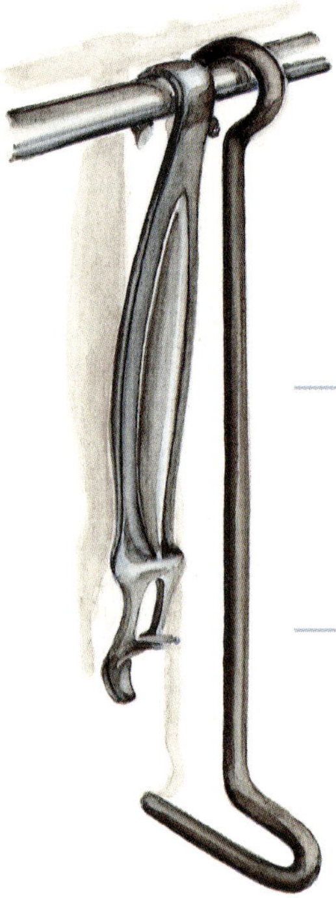

Sardellen Schnitten
nach dem Rindfleisch zu geben.–

Mundbrot
Wein
Schmalz
Sardellen
Kapern

Aus dem Mundbrod werden runde Schnitten gemacht, in Wein getaucht, aus dem Schmalz gebacken, Sardellen ganz darauf gelegt, in jede Öffnung eine Kapper gelegt. Entweder noch einige Schnitten darauf, oder offen das Rindfleisch damit garnirt.–

Gems oder sonstiges Wildpret
auf Schwarzwildbret Art.–

Wild
Essig
Zwiebeln
Gewürznelken
Lorbeerblätter
4–5 EL Mehl
Fett
Beize
Fleischbrühe

Das Wildbret wird abgehäutet, und wird in Essig, Zwiebel, Nelken, Loorbeer gebeitzt, läßt es 5–8 Tage in der Peitze, dann dämpft man es in derselben bis es weich ist; derzeit macht man ein ganz dunkles Einbrennen von 4–5 starken Kochlöffel voll Mehl, schüttet die Sauce in welcher das Wildpret gedämpft, darüber und gießt es vollens mit Fleischbrühe auf; dann kocht man das Fleisch in dieser Sauce noch recht fort, bis es angerichtet wird.–

Sardellen Schnitten.

nach dem Rindfleisch zu geben.—

Aus dem Mundbrod werden runde Schnitten gemacht, in Wein getaucht, aus dem Schmalz gebacken, Sardellen quer darauf gelegt, in jede Öffnung eine Kapper gelegt. Entweder noch einige Schnitten darauf, oder essen das Rindfleisch damit garnirt.—

Gems oder sonstiges Wildpret auf Schwarzwildbret Art.—

Das Wildbret wird abgehäutet, und wird in Essig, Zwiebel, Nelken, Lorbeer gebeitzt, läßt es 5–8 Tage in der Beitze, dann dünstet man es in denselben bis es weich ist; derzeit macht man ein ganz dunkles Einbrennen von 4–5 starken Kochlöffel voll Mehl, schüttet die Sauce in welcher das Wildpret gedünstet, darüber und gießt es vollends mit Fleischbrühe auf; dann kocht man das Fleisch in dieser Sauce noch recht gut, bis es angerichtet wird.—

Gedämpftes Kalbfleisch.

Ein Stück Kalbfleisch, gewöhnlich vom Schlegel u. durch und durch mit Speck gespickt, eingesalzen, ein gutes Stück Butter & Speck welches beides in kleine Stückchen geschnitten wird, daß man den ganzen Boden damit belegen kann und eine ganz kleine wenig Wasser daran gegossen und darin gedämpft, bis es weich ist, dann kommt unbedeutend Mehl daran und öfters, damit es nicht zu früh Farbe bekommt, immer etwas Wasser. Will man, daß es Farbe bekommt, darf man nur kein Wasser mehr hineinschütten, jedoch recht oft mit der herausgekochten Sauce begießen. —

Anis Laibchen, zum Schneeberg.

Nehme ¼ ℔ Zucker 2 kleine Eier ¼ ℔ Mehl, ein wenig Anis darunter, hernach thue es auf ein Nudelbrett u. mache Würzerln daraus, dann schneide kleine Fleckerln herunter und mache kleine runde Laibchen auf das Blech u. lass sie schön gelb backen. —

Gedämpftes Kalbfleisch.

Kalbfleisch
Speck
Salz
Butter
Wasser
Mehl

Ein Stück Kalbfleisch, gewöhnlich vom Schlegel u. durch und durch mit Speck gespickt, eingesalzen, ein gutes Stück Butter & Speck welches beides in kleine Stückchen geschnitten wird, daß man den ganzen Boden damit belegen kann und ein ganz klein wenig Wasser daran gegossen und darin gedämpft, bis es weich ist, dann kommt unbedeutend Mehl daran und öfters, damit es nicht zu früh Farbe bekomt, immer etwas Wasser. Will man, daß es Farbe bekömt, darf man nur kein Wasser mehr hineinschütten, jeder recht oft mit der herausgekochten Sauce begießen.–

Anis Laibchen, zum Schneeberg*.

125 g Zucker
2 kleine Eier
125 g Mehl
Anis

Nehme ¼ Pfund Zucker, 2 kleine Eier, ¼ Pfund Mehl, ein wenig Annis darunter, hernach thue es auf ein Nudelbrett u. mache StrizerIn daraus, dann schneide kleine Flecklein herunter und mache kleine runde Laibchen auf das Blech u. laß sie schön gelb backen.–

* siehe Schnee von süssen Rahm, Seite 126

Kirschen Kuchen mit Griesguß.–

Hefeteig*
Kirschen

Für den Guss:
625 g Grieß
1¼ l Milch
6–7 Eier
Zucker
Zimt

Man macht einen gewöhnlichen geschlagenen Hefenteig, thut die Kirschen mit oder ohne Kern darauf und macht folgenden Guß dazu. – ½ Mßl Gries wird 1 Mß Milch dick gekocht, in eine Schüssel geschüttet u. abkühlen lassen, 6–7 Eier daran geschlagen so daß es über den Kochlöffel läuft, thut Zucker & Zimet nach belieben daran, schüttet den Guß über den Kuchen und läßt ihn dann backen.–

* siehe Hefen-Taig, Seite 149

Feinsieb

Hollipen.–

125 g Mehl
90 g Zucker
Schale einer Zitrone
4 Eigelb
250 g süßer Rahm
Zimt

Man nimmt ¼ Pfund feines Mehl, 6 Lth fein gestossenen Zucker der vorher auf einer Zitronenschaale abgerieben wurde, 4 Eierdotter, 1 Quart süssen Rahm, allenfalls auch etwas fein gestossenen Zimet dazu, macht von allen dem einen Teig an, daß er fließt, wenn er fließt, wenn er zu dick ist nimmt man noch etwas süssen Rahm dazu; man schmiert das Holippeneisen mit Schmalz, gibt einen Eßlöffelvoll Teig dazu rauf, drückt das Eisen fest zusammen und läßts auf den Seiten schön gelb backen; das Eisen muß imer fleißig umgekehrt werden. Sobald man die Hohlipen herausnimmt, biegt man sie sogleich über ein rundes Holz, damit sie schön glatt und rund werden, dann behält man sie immer an einem warmen Ort damit sie rasch bleiben.–

Kirschen Kuchen

mit Griesguß. —

Man macht einen gewöhnlichen geschlagenen Hefenteig, thut die Kirschen mit oder ohne Kern darauf und macht folgenden Guß dazu. — ½ Mßl ~~Mehl~~ Gries wird 1 Mß Milch dick gekocht, in eine Schüssel geschüttet u. abkühlen lassen, 6–7 Eier daran geschlagen so daß es über den Kochlöffel läuft, thut Zucker & Zimmt nach belieben daran, schüttet den Guß über den Kuchen und läßt ihn dan backen. —

Hollipen. —

Man nimt ¼ ℔ feines Mehl, 6 Lth fein gestossenen Zucker der vorher auf einer Zitronenschaale abgerieben wurde, 4 Eierdotter, 1 Quart süssen Rahm, allenfalls auch etwas fein gestossenen Zimmt dazu, macht von allen dem einen Teig an, daß er fließt, wenn er fließt, wen er zu dick ist nimt man noch etwas süssen Rahm dazu. man schmiert das Holippeneisen mit Schmalz, gibt einen Eßlöffelvoll Teig dazu nun, drückt das Eisen fest zusammen und läßts auf den Seiten schön gelb backen; das Eisen muß immer fleißig umgedreht werden. Sobald man die Hollipen herausnimt, biegt man sie sogleich über ein rundes Holz, damit sie schön glatt und rund werden, dan behält man sie immer an einem warmen Ort damit sie resch bleiben. —

Butterteig.

Man verarbeitet 1/2 ℔ Butter im kalten Wasser recht fein ab, gibt dann 1/2 ℔ Mehl auf ein Nudelbrett nebst etwas Salz einem Ei, macht dieses durcheinander, gibt soviel Wasser daran, daß der Teig leicht genug ist, verarbeitet ihn ganz fein ab; dann nimmt man den verarbeiteten Butter aus dem Wasser, trocknet ihn in einem Tuch ab, drückt ihn etwas glatt, dann wird der Teig ausgewalkt zu einem etwas dicken Fladen, gibt den Butter darein, welcher gut mit Mehl bestreut, schlägt den Teig zusammen, klopft ihn tüchtig, walkt ihn aus, legt ihn zusammen, läßt ihn ungefähr 1/2 Stunde lang ruhen, dann klopft man ihn wieder, walkt ihn aus, legt ihn wieder zusammen klopft ihn wieder, walkt ihn daraus; - man kann ihn dann gleich zu Kuchen verwenden. -

Eis auf Torten. -

Rühre 1 Eierklar mit 7 Lth weißen fein gesiebten Zucker 3/4 Stunde lang, drücke etliche Tropfen Zitronensaft darein, rühre es noch eine Weile bis es recht dick wird, bestreiche die Torte und lasse es in einem nicht zu heißen Rohr wieder backen. -

Butterteig.

250 g Butter
Wasser
250 g Mehl
Salz
1 Ei

Man arbeitet ½ Pfund Butter im kalten Wasser recht fein ab, gibt dann ½ Pfund Mehl auf ein Nudelbrett nebst etwas Salz einem Ei, macht dieses durcheinander, gibt soviel Wasser daran, daß der Teig leicht genug ist, arbeitet ihn ganz fein ab; dann nimmt man den gearbeiteten Butter aus dem Wasser, trocknet ihn in einem Tuch ab, drückt ihn etwas glatt, dann wird der Teig ausgewalkt zu einem etwas dicken Fladen, gibt den Butter darein, welcher gut mit Mehl bestreut, schlägt den Teig zusamen, klopft ihn tüchtig, walzt ihn aus, legt ihn zusammen, läßt ihn ohngefähr ½ Stunde lang ruhen, dann klopft man ihn wieder, walzt ihn aus, legt ihn wieder zusamen klopft ihn wieder, walkt ihn daraus; – man kann ihn dann gleich zu Kuchen verwenden.–

Stoßbutterfass und
Rührbutterfass

Eis auf Dorten.–

1 Eiweiß
110 g Zucker
Zitronensaft

Rühre 1 Eierklaar mit 7 Lth weißen fein gesiebten Zucker ¼ Stunde lang, drücke etliche Dropfen Zitronensaft darein, rühre es noch eine Weile bis es recht dick wird, bestreiche die Torte und lasse es in einem nicht zu heißen Rohr wieder backen.–

Procolli mit Lamskottlette.–

Brokkoli
Butter
1 El Mehl
Fleischbrühe
Salz

Man planschirt die Prokoli, läßt die Butter in einem Tiegel warm werden, rührt einen Löffel voll Mehl daran, läßt es aufkochen, gießt es mit ein wenig Fleischbrühe auf, läßt es wieder kochen, thut die Prokeli dazu, salzt sie, läßt sie aufkochen; die Lamskottlett werden wie die Karbonaden* gemacht.

* Rezept für die Karbonaden im Original nicht enthalten

Dampfnudeltopf
mit Holzdeckel

Dampfnudel.

250 g Mehl
Hefe
1 Ei
Milch
Butter
Salz
Zucker

Man nimmt zu mehr als 1 dreißiger Mehl für 1 Kreuzer Hefe, 1 Ei, nicht ganz ¼ Mß Milch, mit 1 Stück Butter darein, salzt es, schlägt es gut ab; läßt dann den Teig gehen, macht die Nudel auf ein Brett, läßt sie wieder gehen läßt dann in einen Tiegel ein Stück Butter zergehen, streut Zucker hinein, schüttet etwas Milch darein, thut die Nudel hinein und läßt sie ungefähr ½ Stunde kochen; sind die Nudel nicht genug gegangen, so nimmt man nun lauwarme Milch, sind sie aber genug gegangen, so kann man heiße Milch nehmen.

Brocolli mit Semmelkottletten.

Man zerpflückt die Brokoli, läßt die Butter in einem Tiegel warm werden, rührt einen Löffel voll Mehl daran, läßt es aufkochen, gießt es mit ein wenig Fleischbrühe auf, läßt es wieder kochen thut die Brokoli dazu, salzt sie, läßt sie aufkochen, die Semmelkottlett werden wie die Karbonaden gemacht.

Dampfnudel.

Man nimmt zu mehr als 1 dreißiger Mehl für 1 Kr Hefe, 1 Ei, nicht ganz 1/4 Maß Milch mit 1 Stück Butter darein, salzt es, schlägt es gut ab, läßt ~~es~~ dann den Teig gehen, macht die Nudel auf ein Brett, läßt sie wieder gehen läßt dann in einem Tiegel ein Stück Butter zergehen, streut Zucker hinein, schüttet etwas Milch darein, thut die Nudel hinein und läßt sie ungefähr 1/2 Stunde kochen; sind die Nudel nicht genug gegangen, so nimmt man nur lauwarme Milch, sind sie aber genug gegangen so kann man heiße Milch nehmen.

Brandschmarren.

Man läßt Milch siedend werden, gibt Mehl darein soviel, daß es in der Dicke wie ein Auflaufmuß wird, thut ein Stück Butter gleich in die Milch; wenn das Muß ~~und~~ ausgekühlt ist und abgetrocknet schlägt man Eier daran, bis es in der Dicke wie ein Auflauf ist, man kann die Eier ganz einschlagen oder wenn man ihn leichter machen will, schlägt man den Klaren Schnee dazu, zuckert ihn, salzt ihn ein klein wenig, macht ~~ihn~~ in einem Tiegel Butter warm, thut den Teig hinein, läßt ihn schön gelblicht werden und zersticht ihn dann klein.–

Punsch zu machen.–

Man nimt 1 Maß Wasser thut ½ ℔ Zucker hinein läßt dieses kurze Zeit sieden; 1 Seitl [illegible] wird warm gemacht, gibt den Saft einer Pomeranze dazu, oder Zitrone, gießt das siedende Wasser hin und gibt Arak nach Belieben dazu.– Dieser Punsch ist sehr gut.–

Brandschmaren.

Milch
Mehl
Butter
Eier
Zucker
Salz

Man läßt Milch siedend werden, gibt Mehl darein soviel, daß es in der Dicke wie ein Auflaufmuß wird, thut ein Stück Butter gleich in die Milch; wenn das Muß ausgekühlt ist und abgetrocknet schlägt man Eier daran, bis es in der Dicke wie ein Auflauf ist, man kann die Eier ganz einschlagen oder wenn man ihn leichter machen will, schlägt man vom Klaaren Schnee dazu, zuckert ihn, salzt ihn ein klein wenig, macht in einem Tiegel Butter warm, thut den Teig hinein, läßt ihn schön gelblicht werden und zersticht ihn dann klein.–

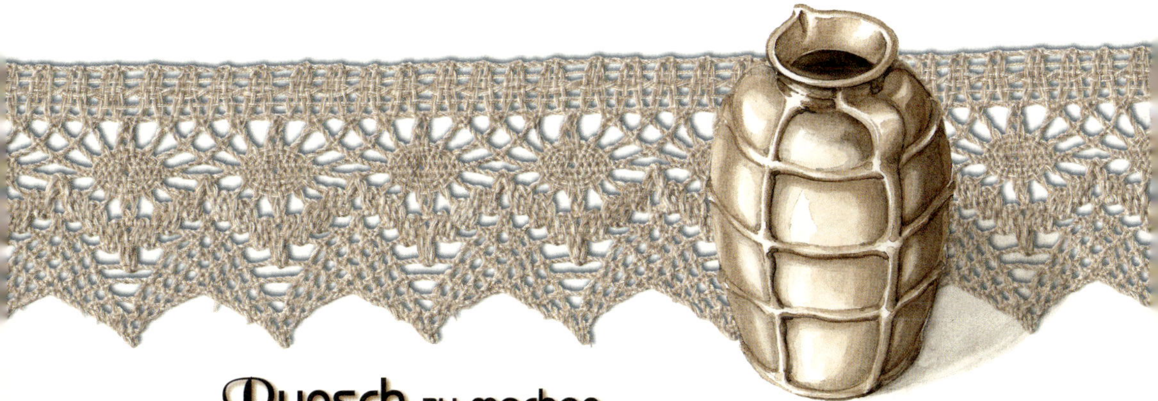

Punsch zu machen.–

1¼ l Wasser
250 Zucker
Affenthaler
Saft einer Pomeranze
oder Zitrone
Arak

Man nimmt 1 Mß Wasser, thut ½ Pfund Zucker hinein läßt dieses kurze Zeit sieden; 1 Spitz Affenthaler wird warm gemacht, gibt den Saft einer Pomeranze dazu, oder Zitrone, gießt das siedende Wasser hin und gibt Arack nach belieben dazu. – Dieser Punsch ist sehr gut.–

Quitten einzumachen.–

1 kg Quitten
750 g brauner Kandelzucker
1¼ l Wasser
ca. 600 ml Weinessig
evtl. Zitronenschale

Man schällt die Quitten und nimmt die Körner schön heraus, dann wiegt man sie; auf 2 Pfund Quitten, welche man in kalten Wasser rein wäscht, nimmt man 1½ Pfund braunen Kandelzucker, 1 Mß Wasser, ½ Mß guten Weinessig, gibt dieses entweder in einen neuen Tiegel oder in eine messingene Pfanne, und läßt es so lange sieden bis die Quitten weich sind. Die Quitten werden zuerst in Schnitzen geschnitten, von einer mittleren Quitte macht man 4, von einer größeren 6 Schnitze. Wenn nun diese weich sind, nimmt man sie mit einem silbernen Löffel heraus u. legt sie in ein Glas, die Sauce läßt man noch ungefähr ¾ Stunden einsieden, wenn sie etwas erkaltet ist gießt man selbe über die Schnitzen, die Sauce soll etwas darüber hinausgehen, dann bindet man das Glas zu, stoßt in das Papier kleine Löcher hinein und bewahrt sie an einem droknen Orte auf. Nach belieben kann man auch Zitronenschallen beim sieden dazugeben Sie sind sehr gut zum Braten.–

Kredenz, Vierseithof/Bernöd bei Gars am Inn, Oberbayern (1920er Jahre)

Quitten einzumachen.

Man schällt die Quitten und nimt die Körner schön heraus, dan wiegt man sie; auf 2 ℔ Quitten, welche man in kalten Wasser rein wäscht, nimt man 1½ ℔ braunen Kandelzucker, 1 Maß Wasser, ½ Maß guten Weinessig, gibt dieses untereinander in einen neuen Tiegel oder in eine messingene Pfanne, und läßt es so lange sieden bis die Quitten weich sind. Die Quitten werden zuerst in Schnitzen geschnitten von einer mittleren Quitten Größe macht man 4 von einer großeren 6 Schnitze. Wenn nun diese weich sind, nimt man sie mit einem silbernen Löffel heraus u. legt sie in ein Glas, die Brühe läßt man noch ungefähr 3/4 Stunden einsieden, wenn sie etwas erkaltet ist gießt man selbe über die Schnitzen, die Sauce soll etwas darüber hinausgehen, dan bindet man das Glas zu, sticht in das Papier kleine Löcher hinein und bewahrt sie an einem trockenen Orte auf. Nach belieben kann man auch Zitronenschalen beim sieden dazugeben Sie sind sehr gut zum braten.

Zwieback.

5 Eier werden mit 20 Lth durchgesiebten Zucker recht abgerührt, dann kommen 2 Lth Pomeranzenschalen, 2 Lth Citronat, beides in Würfel geschnitten, sehr kleines Anis, Zimt nach Belieben, von einer Zitrone das Gelbe, zuletzt kommt noch 1 ℔ Mehl dazu, aus dem Teig werden etwas größere als eine welsche Nuß große Kugeln gemacht, mit Eierdotter bestrichen, auf ein Blech gesetzt in einem nicht zu heißen Ofen langsam gebacken. Sind sie fertig, dann schneidet man sie entzwei, streicht sie mit kalten Wasser an und läßt sie im Rohr trocknen. —

Auflauf von saurem Rahm

In 1/4 Lit. Rahm rühre 4 Löffel Mehl, das Gelbe von 8 Eiern, Pfeffer, Salz, Schnittlauch, zuletzt den Schnee darunter, schmiere eine Kasserol mit Butter, bestreue es mit Reibbrod, stelle ein rundes kleines Geschirr in die Mitte /: es darf aber nicht höher sein als die Kasserol :/ gieße die Masse ringsherum und laß es im Ofen schön gelb backen. Das Geschirr nimmt man heraus, füllt die Höhlung mit Ragout von Kalbfleisch es muß aber schön gerichtet und gekocht sein, an Festtagen kann man auch gekochte Krebs oder Frösche geben. —

Zwieback.

5 Eier
300 g Zucker
30 g Pomeranzen-
schale
30 g Zitronat
Anis
Zimt
Schale einer Zitrone
500 g Mehl
Eigelb
Wasser

5 Eier werden mit 20 Lth durchgesiebten Zucker recht abgerührt, dann kommen 2 Lth Pomeranzenschallen, 2 Lth Citronat, beides in Würfel geschnittenes sehr kleines Annis, Zimt nach Belieben, von einer Zitrone das Gelbe, zuletzt kommt noch 1 Pfund Mehl dazu, aus dem Taig werden etwas größere als eine welsche Nuß große Kugeln gemacht, mit Eierdotter bestrichen, auf ein Blech gesetzt in einem nicht zu heißen Ofen langsam gebacken.
Sind sie fertig, dann schneidet man sie entzwei, streicht sie mit kalten Wasser an und läßt sie im Rohr trocknen.–

Auflauf von sauren Rahm

250 g Sauerrahm
4 El Mehl
8 Eier
Pfeffer
Salz
Schnittlauch
Kalbsragout oder
Krebse und Frösche

In ¼ Liter Rahm rühre 4 Löffel Mehl, das Gelbe von 8 Eiern, Pfeffer, Salz, Schnittlauch, zuletzt den Schnee darunter, schmiere einen Kachel mit Butter, bestreue es mit Reibbrod, stelle ein rundes kleines Geschirr in die Mitte (es darf aber nicht höher sein als die Kachel) gieße die Masse rings herum und laß es im Ofen schön gelb backen. Das Gefäß nimt man heraus, füllt die Höhlung mit Ragout von Kalbfleisch es muß aber schon gerichtet und gekocht sein, an Fasttagen kann man auch gekochte Krebs oder Frösche geben.–

Johanisbeeren einsieden.

Johannisbeeren
Zucker
Wasser

Man nimmt soviel Zucker als Frucht stoßt dann den Zucker schnell ins Wasser, thut ihn in eine messingene Pfanne, stellt ihn aufs Feuer und läutert so den Zucker bis er kleine Perlen am Boden kocht, thut dann die Frucht hinein und läßt sie einige Minuten mitkochen, fängt ihn dann wieder heraus u. läßt den Saft noch fortkochen, bis er sich setzt, schüttet ihn dan an die Frucht und läßt es dann kalt werden, füllt sie in ein Glas und bindet sie zu, macht aber kleine Löcherl in das Papier, daß sie Luft haben. Zu bemerken ist noch: daß man so alle Früchte, Weichseln, Kirschen etc. einsieden kann nur daß allenfalls die Steine heraus-zu nehmen sind, und sie ¼ Stunde kochen müssen.–

Gebackene Semmelknödel

Semmeln
Wasser
Schmalz oder Butter
Petersilie
3 Eier

2 Kreuzer Semel werden in Wasser recht durchweicht ausgedrückt u. (in Schmalz od. Butter geröstet mit gemengter Petersilie); 3 Eier daran gibt man sie mit einem Löffel in heißes Schmalz und backt selbe schön heraus.–

Johanisbeeren einsieden.

Man nimt soviel Zucker als Frucht stoßt dann den Zucker schnell im Wasser, thut ihn in eine messingene Pfanne, stellt ihn aufs Feuer und läutert so den Zucker bis er kleine Perlen am Boden kocht, thut dann die Frucht hinein und läßt sie einige Minuten mitkochen, fängt ihn dann wieder heraus u. läßt den Saft noch fortkochen bis er sich setzt, schüttet ihn dann an die Frucht und läßt es dann kalt werden, füllt sie in ein Glas und bindet sie zu, macht aber kleine Löcherl in das Papier, daß sie Luft haben. Zu bemerken ist noch: daß man so alle Früchte, Weichseln, Kirschen etc. einsieden kann nur daß allenfalls die Steine herauszunehmen sind, und sie 1/4 Stunde kochen müssen. —

Gebackene Semelknödel

2 kr Semel werden in Wasser nicht durchweicht ausgedrückt u (in Schmalz od. Butter geröstet mit gemengter Petersilie); 3 Eier daran gibt man sie mit einem Löffel in heißes Schmalz und backt selbe schön heraus. —

Küche mit Sparherd,
Vierseithof/Bernöd bei Gars am Inn,
Oberbayern (1920er Jahre)

Boudding

mit 3 Farben in die Tazze.

1. **Weißer Boudding:**

3 Loth Zucker werden recht pflaumig abgerührt, 3 Eier daran geschlagen, 2 Kr abgerindetes Mundbrod in Wasser mit Milch vermengt, eingeweicht, ausgedrückt und daran gerührt, gerieben, Mußkatnuß und Salz darangegeben

2. **Grüner Boudding.**

Man setzt 2 gute Hände voll Spinat mit siedendem Wasser zu, daß er aber schön grün bleibt, darf man ihn nicht zudecken. Ist er genug gesotten, dann wird er aus~~gedrückt, und daran gerührt, geriebene Mußkatnuß und Salz daran gethan.~~ — fein gewiegt und mit 3 Loth Zucker gedünstet ungefähr ½ Stunde. Ist er gedünstet, wird er mit 3 Eiern abgerührt und ein abgerindetes in Milch und Wasser geweichtes Mundbrod ausgedrückt und daran gethan, wie auch Salz und geriebene Mußkatnuß, und recht abgerührt.

3. **Rother Boudding.**

Es wird 1/8 ℔ Krebsbutter abgerührt, 2 Eier daran und 2 in Milch eingeweichte Mundbrod und Salz daran gerührt; will man ihn noch röthen, dann ~~kann~~ man

etwas weniges Tournesol? in einen Löffel voll
kalten Wasser auflösen und daran thun. dann wird
ein Auflauf Model mit Butter bestrichen, dann der
weiße Teig hinein gethan und glatt herum gestrichen.
auf diesen, der grüne Teig und zuletzt der rothe
Teig. der Pudding darf nie höher als 2 Finger dick
werden. Der gefüllte Model wird in einen Tiegel
mit heißem Wasser gestellt, zugedeckt und gebacken.
Ist er fertig, wird er herausgestürzt, und wann er
kalt ist, in kleine Stückchen geschnitten und in die
Suppe gethan. Will man ihn recht schön, kann man ihn
ausstechen. Die Portion ist für 10 bis 12 Personen
berechnet.

Krebsbutter

Man löst die Krebse aus, stößt sie ziemlich fein, läßt
Butter zergehen, thut sie darein, läßt sie kochen unter
beständigem umrühren. Ist es gekocht, so wird es mit warm
em Wasser aufgegossen, läßt es aufkochen, ohne um=
zu rühren; dann wird das Fett abgeschöpft und auf kaltes
Wasser gegossen, ~~läßt es aufkochen~~ dieß ist der Krebsbutter.
Zu einem halben Pfund Butter nimmt man ½ ℔ Krebs. Am
besten ist es wenn man ihn in einer messingenen Pfanne
macht, weil nichts daran hängen bleibt. Beim Sieden wer=
den Krebse gesalzen; in den Sommermonaten färben die
Krebse röther als im Winter. —

Boudding
mit 3 Farben in die Suppe.

1. Weißer Boudding:

45 g Butter
3 Eier
Mundbrot
Wasser
Milch
Muskat
Salz

3 Loth Zucker* werden recht pflaumig abgerührt, 3 Eier daran geschlagen, 2 Kreuzer abgerindetes Mundbrod in Wasser mit Milch vermengt, eingeweicht, ausgedrückt und daran gerührt, gerieben, Mußkatnuß und Salz darangegeben.

* vermutlich Butter

2. Grüner Boudding.

Spinat
Wasser
45 g Butter
3 Eier
Mundbrot
Milch
Salz
Muskat

Man setzt 2 gute Hände voll Spinat mit siedendem Wasser zu, daß er aber schön grün bleibt, darf man ihn nicht zudecken. Ist er genug gesotten, dann wird er ausgedrückt, fein gewiegt und mit 3 Loth Butter gedämpft ungefähr ½ Stunde. Ist er gedämpft, wird er mit 3 Eiern abgerührt und ein abgerindetes in Milch und Wasser geweichtes Mundbrod ausgedrückt und daran gethan, wie auch Salz und geriebene Muskatnuß, und recht abgerührt.

3. Rother Budding.

60 g Krebsbutter
2 Eier
Mundbrot
Milch
Salz
evtl. Tournesol
Wasser

Es wird ⅛ Pfund Krepsbutter abgerührt, 2 Eier daran und 2 in Milch eingeweichte Mundbrod und Salz daran gerührt; will man ihn noch röthen, dann kann man etwas weniges Tournosol? in einen Löffel voll kalten Wasser auflösen und daran thun. Dann wird ein Auflauf Model mit Butter bestrichen, dann der weiße Teig hinein gethann und glatt herum gestrichen, auf diesen der grüne Teig und zuletzt der rothe Teig. Der Boudding darf nie höher als 2 Finger dick werden. Der gefüllte Model wird in einen Tiegel mit heißen Wasser gestellt, zugedeckt und gebacken. Ist er fertig, wird er herausgestürzt, und wenn er kalt ist, in kleine Stückchen geschnitten und in die Suppe gethan. Will man ihn recht schön, kann man ihn ausstechen. Die Portion ist für 10 bis 12 Personen berechnet.

Krepsbutter

250 g Krebse
250 g Butter
Wasser
Salz

Man löst die Krebse aus, stößt sie ziemlich fein, läßt Butter zergehen, thut sie darein, läßt sie kochen unter beständigen umrühren. Ist es gekocht, so wird es mit warmen Wasser aufgegossen, läßt es aufkochen, ohne um zu rühren; dann wird das Fett abgeschöpft und auf kaltes Wasser gegossen. Dieß ist der Krebsbutter.

Zu einem halben Pfund Butter nimmt man ½ Pfund Krebs. Am besten ist es wenn man ihn in einer messingenen Pfanne anmacht, weil nichts daran hängen bleibt. Beim Sieden werden die Krebse gesalzen; in den Somermonaten färben die Krebse röther als im Winter.–

Sardellen kalte Sauce.

Wiege 10–12 Sardellen recht fein, dann verdrücke 8 harte Eierdotter, thue 2 Löffel voll Senf, etwas Salz, dann die Sardellen, 2 Löffel Öl und Essig was es annimmt hin.

Netzwurst.

2 ℔ Kalbfleisch werden fein gehackt, in eine Schüssel gethan, ein Stückchen Butter in welchem Petersilie gedünstet, Salz und Pfeffer daran, ein ausgedrücktes Semel 6 Eier, rührt dieß alles recht schön, füllt es in ein Netz nach beliebiger Größe, was in Butter gebraten, und als Beilag zum Gemüs gegeben wird.

Reisthee.

Man nimt auf 1 Liter Milch 2 Loth Reisthee, rührt ihn an, wie Kindsmuß, schüttet dann die Milch nach und nach hinein, und läßt es wie ein hartes paar Eier aufkochen, thut Zucker hin, so süß man es will, auch kann man Vanille und Zimt hinthun, nachdem man einen Geschmack geben will. Man nimt auf diese Maß bz. Liter 6 Eierdotter verklopfe sie in einen Hafen und schüttet dann den Reisthee hinein, dann thut man Alles nochmal in die Pfanne läßt es aufkochen, dann wird es abgesprudelt, bis man ihn zum trinken gibt.

Sardellen kalte Sauce.

10–12 Sardellen
8 hart gekochte Eigelb
2 EL Senf
Salz
2 EL Öl
Essig

Wiege 10–12 Sardellen recht fein, dann verdrücke 8 harte Eierdotter, thue 2 Löffel voll Senf, etwas Salz, dann die Sardellen, 2 Löffel Öl und Essig was es annimmt hin.

Netzwurst.

1 kg Kalbfleisch
Butter
Petersilie
Salz
Pfeffer
1 Semmel
Wasser
6 Eier
Netz

2 Pfund Kalbfleisch werden fein gehackt, in eine Schüssel gethan, ein Stückchen Butter in welchem Petersilie gedünstet, Salz und Pfeffer daran, ein ausgedrücktes Semel 6 Eier, rührt dieß alles recht schön, füllt es in ein Netz nach beliebiger Größe, was in Butter gebraten, und als Beilag zum Gemüs gegeben wird.

Reisthee.

1 l Milch
30 g Reistee
Zucker
evtl. Vanille und Zimt
6 Eigelb

Man nimmt auf 1 Liter Milch 2 Loth Reisthee, rührt ihn an, wie Kindsmuß, schüttet dann die Milch nach und nach hinein, und läßt es wie ein hartes paar Eier aufkochen, thut Zucker hin, so süß man es will, auch kann man Vanillle und Zimt hinthun, nachdem man einen Geschmack geben will. Man nimmt auf diese Maß bez. Liter 6 Eierdotter verkleppe sie in einen Hafen und schüttet dann den Reisthee hinein. Dann thut man Alles nochmal in die Pfanne läßt es aufkochen, dann wird es abgestrudelt, bis man ihn zum Trinken gibt.

Wickelvoegelein

1 Kalbsschlegel
Salz
Speck
Butter
Mehl
Fleischbrühe

Für die Farce
Hautabschnitte
Speck
Zitronenschale
Petersilie
Zwiebeln
3 Eier
Fleischbrühe
Salz
Pfeffer
Muskat

Es werden von einem 11 Pfund schweren Kalbsschlegel länglichte Stückchen herunter gemacht und etwas breit geklopft. Dann wiegt man die Abschnitt davon, nebst Speck, Zitronenschaalen, Petersilie und Zwiebel recht fein, das Gewiegte rührt man mit 3 Eier, Fleischbrüh, Salz, Pfeffer, Muskatnuß recht fein ab. Die Schnitze werden gesalzen mit der Farce bestrichen, zusammen gerollt, mit Fäden gebunden, dann gespickt. In einem Tiegel wird ein gutes Stück Butter heiß gemacht, die Vögelein drein gethan, ein wenig gestaubt, so gedämpft. Sind sie stark eingekocht, so darf man etwas Fleischbrühe nachgießen. Sind die Vögelein fertig, werden die Fäden davon weggeschnitten. Die Sauce abgeseiht und über dieselben hergeschüttet. – Diese Portion gibt ca – 30 Vögelein.

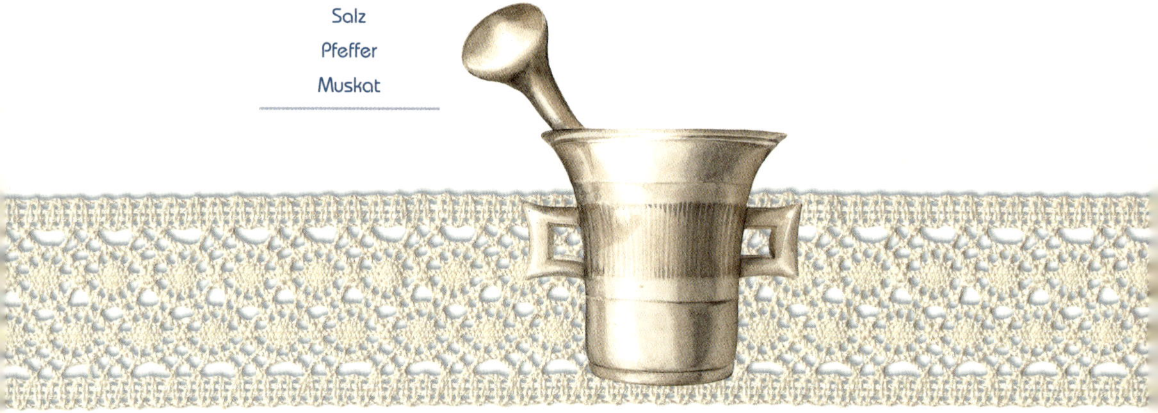

Bisquitdorte. Die beste Art.

150 g Zucker
4 Eier
Schale einer
½ Zitrone
Saft einer ½ Zitrone
95 g Stärkemehl

10 Loth Zucker mit 4 ganzen Eiern ¾ Stund ununterbrochen gerührt von ½ Zitrone die Schale am Reibeisen abgerieben, die Hälfte des Saftes der Zitrone, 6 Loth Stärkmehl fein gesiebt, an obiges gerührt, zuerst die Zitrone, dann Mehl und Saft, mit Schmalz die Form bestrichen und mit Semelmehl ausgelegt, gleich in gelinder Hitze gebacken. Die Form darf nur halb gefüllt sein.

Wickelvoegelein.

Es werden von einem 11 ℔ schweren Kalbsschlegel längliche Stückchen herunter gemacht und etwas breit geklopft. Dann reinigt man die Abschnitt davon, nebst Speck, Zitronenschaalen, Petersilie und Zwiebel macht fein, das Gereinigte rührt man mit 3 Eier, Fleischbrüh, Salz, Pfeffer, Muskatnuß recht fein ab, die Schnitze werden gesalzen mit der Farce bestrichen, zusammen gerollt, mit Fäden gebunden, dann gespickt. In einem Tiegel wird ein gutes Stück Butter heiß gemacht, die Vögelein darin gethan, ein wenig gestaubt, so gedünstet. Sind sie stark eingekocht, so darf man etwas Fleischbrühe nachgießen. Sind die Vögelein fertig, werden die Fäden davon weggeschnitten. Die Sauce abgefeist und über dieselben hergeschüttet. – Diese Portion gibt ca – 30 Vögelein.

Bisquitdorte. die beste Art.

10 Loth Zucker mit 4 ganzen Eiern 3/4 Stund ununterbrochen gerührt, von 1/2 Zitrone die Schale am Reibeisen abgerieben, die Hälfte des Saftes der Zitrone, 6 Loth Stärkmehl fein gesiebt, an obiges gemischt, zuerst die Zitrone, dann Mehl und Saft, mit Schmelz die Form bestrichen und mit Semmelmehl ausgelegt, gleich in gelinder Hitze gebacken. Die Form darf nur halb gefüllt sein.

Rindfleisch gebratenes.

Gut geklopft, gesalzen, gespickt mit Zitronen=scheiben in Lötzeln, Essig und Wasser, Zwiebel, Nelken Scharlotten, in die Rein gegossen resp. gerichtet, oft übergossen, sollte die Sauce samt den sauren Rahm zu dünn sein, etwas Mehl daran gestäubt und ge=braten. /: langsam 3 Stunden lang :/. —

Karpfen in Öl.

Geschuppt, ausgenommen, in eine flache Bratpfanne auf ein hölzernes Kästchen gelegt. Der Fisch muß der Länge nach auseinandergeschnitten, und auf die innere Seite des Fisches, Salz, Pfeffer, Butter, Zitronenscheiben, Zwiebel mit Nelken gespickt, 4 Eßlöffel Provenzeröl, 4 Löffel Essig, 4 Löffel Fleischbrüh, etwas Lorbeerblatt, läßt den Fisch ohngefähr ½ Stunde braten.

Hecht.

Geschuppt, ausgenommen, der ganze Hecht in eine flache Bratpfanne /: Rein :/ stark mit Butter bestreichen, Zitronenscheiben, Zwiebel, Lorbeer, klein gewiegten Petersil, Fleischbrüh. Bratet er, so übergießt man ihn mit der Sauce die nicht zu lang werden darf, gießt sauren Rahm daran und Zitronensaft und läßt ihn ½ Stunde bei starkem Feuer braten.

Rindfleisch gebratenes.

Rindfleisch
Salz
Pfeffer
Zitronenscheiben
Essig
Wasser
Zwiebeln
Gewürznelken
Schalotten
Sauerrahm
evtl. Mehl

Gut geklopft, gesalzen, gepfeffert, mit Zitronenscheiben in Bötzeln, Essig und Wasser, Zwiebel, Nelken Charlotten, in die Reine gegossen, resp. gerichtet, oft übergossen, sollte die Sauce sammt den sauren Rahm zu dünn sein, etwas Mehl daran gestäubt und gebraten. (langsam, 3 Stunden lang).–

Karpfen in Öl.

1 Karpfen
Salz
Pfeffer
Butter
Zitronenscheiben
Zwiebeln
Gewürznelken
4 EL Provenzeröl
4 EL Essig
4 EL Fleischbrühe
Lorbeerblätter

Geschuppt, ausgenohmen, in eine flache Bratpfanne auf ein hölzernes Kästchen gelegt. Der Fisch muß der Länge nach auseinandergeschnitten, und auf die innere Seite des Fisches, Salz, Pfeffer, Butter, Zitronenscheiben, Zwiebel mit Nelken gespickt, 4 Eßlöffel Provenzeröl, 4 Löffel Eßig, 4 Löffl Fleischbrüh, etwas Lorberblatt, läßt den Fisch ohngefähr ½ Stunde braten.

Hecht.

1 Hecht
Butter
Zitronenscheiben
Zwiebeln
Lorbeerblätter
Petersilie
Fleischbrühe
Sauerrahm
Zitronensaft

Geschuppt, ausgenohmen, der ganze Hecht in eine flache Bratpfanne (Reine) stark mit Butter bestrichen, Zitronenscheiben, Zwiebel, Lorber, klein gewiegten Petersil, Fleischbrüh. Bratet er, so übergießt man ihn mit der Sauce die nicht zu lang werden darf, gießt sauren Rahm daran und Zitronensaft und läßt ihn ½ Stunde bei starken Feuer braten.

Schweinsbraten auf Wildpretart.

Schweinefleisch
Salz
Pfeffer
Wacholderbeeren
Schalotten
Zwiebeln
Zitronenschale
Sellerie
Essig
Couanlamode
evtl. Mehl

Der Schweinsfleischbraten wird mit Salz, Pfeffer, zerdrückten Wacholderbeeren eingerieben, vorher aber geklopft; mit Charlotten, Zwiebel Zitronenschaalen, Selerie gespikt, mit gesottenen Essig u. Zugehör. Couanlamode öfters übergossen, dann 4 Stunden gebraten, ist die Sauce zu dünn, so staube man Mehl daran.

Dunstspeise.

Semmeln
Milch
125 g Butter
18 Eier
Schale einer Zitrone
Zucker
evtl. Rum

Es werden um 6 Kreuzer Semel abgerindet, in Milch geweicht, ausgedrückt, in einer Pfanne mit einem kleinen Stück Butter abgedrocknet, ¼ Pfund Butter flaumig abgerührt, rührt die Semel daran, verrühre sie gut, rühre auch 18 Eiergelb daran, von 1 Zitrone die Schale, Zucker nach Belieben, zuletzt menge den Schnee von den 18 Eiern darunter, fülle die Masse in eine mit Butter u. Semelbrösel bestreut und bestrichene Form, stelle die Dampfbüchse in warmes Wasser. – Ist er fertig, wird er gestürzt; man kann ihn auch anzünden*.

* flambieren

Schweinsbraten auf Wildbretart.

Der Schweinsbraten [Fleisch] wird mit Salz, Pfeffer, zerdrückten Wacholderbeeren eingerieben, vorher aber geklopft, mit Scharlotten, Zwiebel, Zitronenschalen, Selerie gespickt, mit gesottenem Essig u. Zugehör, Boeuflamode öfters übergossen, dann 4 Stunden gebraten, ist die Sauce zu dünn, so staube man Mehl daran.

Dunstspeise.

Es werden um 6 kr Semmel abgerindet, in Milch geweicht, ausgedrückt, in einer Pfanne mit einem kleinen Stück Butter abgetrocknet, 1/4 ℔ Butter flaumig abgerührt, rührt die Semmel daran, verrühre sie gut, rühre auch 18 Eiergelb daran, von 1 Zitrone die Schale, Zucker nach Belieben, zuletzt menge den Schnee von den 18 Eiern darunter, fülle die Masse in eine mit Butter u. Semmelbröseln bestreute und bestrichene Form, stelle die Dunstbüchse in siedendes Wasser. – Ist er fertig, wird er gestürzt; man kann ihn auch anzünden.

Schweinskotelletten gedünstet.

Die Schweinskotelletten werden herunter geschnitten, nicht geklopft, gleich gesalzen, gepfeffert, in Mehl umgekehrt, dann kommt in einen Tiegel Fett oder Butter, thue die Cotelletten hinein, laß sie auf beiden Seiten braun werden, dann umgekehrt und ein Zwiebel in Schnitzchen geschnitten, läßt ihn mit dünsten, thue noch einen Spitzer Essig und ein paar Citronenschälchen dazu, lasse es fortdünsten, auch Fleischbrüh wird daran gegossen, doch nicht zu viel damit es eine kurze Sauce bleibt, lasse sie etwas langsam aufkochen. – Die Cotelletten bleiben immer in der Sauce; ist sie zu fett, so klaube die Fett ein wenig ab.

Kalbsschnitz gedünstet.

Es wird ein Kalbsschlegel abgehäutet, Schnitze herunter geschnitten, auseinander geklopft, in der Mitte eine Reihe mit Speck gespickt, dann gesalzen, gepfeffert, dann kommt in einen Tiegel Schmalz oder Fett, läßt man sie schön braun werden auf beiden Seiten, dann giebt man sie heraus, thut sie auf eine Platte, thut sie in den Tiegel, gelbe Rüben, Selerie, Zwiebel, einige Pfefferkörner und Nelken, ein halbes Lorbeerblatt, Petersilienwurzel, was eben alles klein geschnitten sein muß; laß es gut dünsten, aber ja nicht anbrennen, streue ein wenig Zucker hinein, hat es gut gedünstet wird Fleischbrüh daran gegossen, ein wenig Bratensaft und etwas Essig, ist die Sauce zu weiß, wird ein klein wenig Zuckersaft hinzugethan, läßt es aufkochen, dann wird die Sauce in einen anderen Tiegel durch ein Sieb passirt, die Wurzel recht durchgetrieben, in die Sauce ganz fein geschnittene Zitronenschälchen hineingethan beim Anrichten der Kalbsschnitz werden sie mit Zitronensaft geträuft. –

Schweinskotelletten gedünstet.

Schweinekoteletts
Salz
Pfeffer
Mehl
Fett oder Butter
1 Zwiebel
Essig
Zitronenschale
Fleischbrühe

Die Schweinskotelletten werden herunter geschnitten, nicht geklopft, gleich gesalzen, gepfeffert, in Mehl umgekehrt, dann kommt in einen Tiegel Fett oder Butter, thue die Cotelletten hinein, laß sie auf beiden Seiten braun werden, dann umgekehrt und ein Zwiebel in Schnitzchen geschnitten, läßt ihn mit dünsten, thue noch einen Spitzer Essig und ein paar Citronenschälchen dazu, lasse es fortdünsten, auch Fleischbrüh wird daran gegossen, doch nicht zu viel damit es eine kurze Sauce bleibt, lasse sie etwas langsam aufkochen. – Die Cotelletten bleiben immer in der Sauce; ist sie zu fett, so blase die Fett ein wenig ab.

Kachelofen (18./19. Jh.)

Küche mit altdeutschem Schlot,
Vierseithof/Bernöd bei Gars am Inn,
Oberbayern (16. Jh.)

Kalbsschnitz gedünstet.

Kalbsschlegel
Speck
Salz
Pfeffer
Schmalz oder Fett
Gelbe Rüben
Sellerie
Zwiebeln
Pfefferkörner
Gewürznelken
½ Lorbeerblatt
Petersilienwurzeln
Zucker
Fleischbrühe
Bratensaft
Essig
evtl. Zuckertropfen zum Färben
Zitronenschale
Zitronensaft

Es wird ein Kalbsschlegel abgehäutet, Schnitze herunter geschnitten, auseinander geklopft, in der Mitte eine Reihe mit Speck gespickt, dann gesalzen gepfeffert, dann kommt in einen Diegel Schmalz oder Fett, läßt man sie schön braun werden auf beiden Seiten, dann zieht man sie heraus, thut sie auf eine Plate, thut sie in den Diegel, gelbe Rüben, Selerie, Zwiebel einige Pfefferkörner und Nelken, ein halbes Lorbeerblatt, Petersilienwurzel, was eben alles klein geschnitten sein muß, laß es gut dünsten aber ja nicht anbrennen, streue ein wenig Zucker hinein, hat es gut gedünstet, wird Fleischbrüh daran gegossen, ein wenig Bratenschü und etwas Essig, ist die Sauce zu weiß, wird ein klein wenig Zuckerschü hinzugethann, läßts aufkochen, dann wird die Sauce in einen anderen Diegel durch ein Sieb passirt, die Wurzel recht durchpressen, in die Sauce ganz fein geschnittene Zitronenschälchen hineingethan beim Anrichten der Kalbsschnitz werden sie mit Zitronensaft getauft.–

Tauben in der Sauce.

Tauben
Lorbeerblätter
Zwiebeln
Zitronenscheiben
Pfeffer
Salz
Essig
Brotrinde
Fleischbrühe
dunkle Einbrenne
oder Taubenblut
Bratenfülle*

werden in 2 Theile geschnitten, in den Tiegel gethann, Lorbeerblätter, Zwiebel, Zitronenscheiben, Pfeffer, Salz und Essig. Stehen lassen über Nacht, auch Brodrinde kommt dazu. Wenn sie bereitet werden, gießt man Fleischbrüh daran. Zuletzt entweder eine dicke schwarze Einbrenn oder das gesammelte Blut. Von den Taig mit der Bratenfülle macht man Knöderl dazu. Das Blut sowohl der Tauben als der Hühner wird in einem Töpfchen Essig aufgehoben und kurz vor dem Anrichten genohmen.

* siehe Bratenfülle auf 3–4 Tauben, Seite 62

Beefstakes.

Rinderlende
Pfeffer
Salz
Zitronenschale
Lorbeerblätter
Zwiebeln
Butter
Mehl
Fleischbrühe

Zu Bifsteeks, das ist geröstetes Rindfleisch: nimmt man Lendenbraten, schneidet Daumen dicke längliche Stücke, klopft sie gut, reibt sie mit Pfeffer und Salz, thut Zitronenschälchen scheiben* Lorbeerblätter und Zwiebel dazu. Alles in eine Schüssel, wo es beschweert wird, über Nacht stehen bleibt. Dann kommt beim Zubereiten ein Stück Butter in den Tiegel oder wenns an Gluth fehlt in die Pfanne; die Stücke hinein und immer mit dem Butter überschüttet, getropft, oft umgekehrt, dann etwas mit Mehl gestäubt, ein wenig Supp. Noch kurze Zeit dünsten lassen, wie sie fertig sind, müssen sie gegessen werden. Man gibt geröstete oder gesottene Kartoffel dazu.–

* mundartlich für »in Scheiben schneiden«

Tauben in der Sauce.

werden in 2 Theile geschnitten, in den Tiegel gethan, Lorbeer-
blätter, Zwiebel, Zitronenscheiben, Pfeffer, Salz und Essig.
Stehen lassen über Nacht, auch Brodrinde kommt dazu. Wenn
sie bereitet werden giesst man Fleischbrüh daran. Zuletzt
entweder eine dicke schwarze Einbrenn oder das gesammelte
Blut. Von den Teig mit der Bratenfülle macht man Knödel
dazu. Das Blut sowohl der Tauben als der Hühner wird in
einem Töpfchen Essig aufgehoben und kurz vor dem Anrichten genommen.

Beefstakes.

Zu Beefsteaks, das ist gerösteten Rindfleisch: nimmt man Lenden=
braten, schneidet daraus dicke längliche Stücke, klopft sie
gut, reibt sie mit Pfeffer und Salz, thut Zitronenschälchen scheiben
Lorbeerblätter und Zwiebel dazu, Alles in eine Schüssel, wo
es beschwert wird, über Nacht stehen bleibt. dann kommt beim
Zubereiten ein Stück Butter in den Tiegel oder warme an Gluth
stellt in die Pfanne; die Stücke hinein und immer mit dem Butter über=
schüttet, gebraten, oft umgekehrt, dann etwas mit Mehl gestaubt,
ein wenig Suppe. Nach kurzer Zeit dünsten lassen, wie sie fertig
sind, müssen sie gegessen werden. Man gibt gerösteten oder
gesottenen Kartoffel dazu. —

Schnepfenkoth.

Der Schnepfenkoth wird gewaschen, fein gewiegt, mit Zwiebel, Petersilie, Zitronenschälchen. Thue ein Stück Butter in einen Tiegel, ein wenig Semmelbrösel, den Schnepfenkoth hinein, Salz, Pfeffer, lasse ihn ein wenig dünsten, gieße auch etwas rothen Wein daran, lasse es etwas dick kochen, streiche ihn auf Semmelschnitten, welche vorher in Schmalz gebacken, in rothen Wein eingeweicht, gib sie so=dann in den Schnepfen garnirt zur Tafel.—

Zuckerteig zu verschiedenen Kuchen

Man nimmt ½ dreißiger Mehl 2 ganze Eier und einen Eier=dotter, dann 1 Tasse süßen Rahm, mäßig Zucker, etwas Salz, schneide in das Mehl ½ Vierling Butter wie zu einem Butterteig, dann arbeite ihn, bis er ganz fein ist, läßt ihn dann eine kleine Weile ruhen. Dann wird er eingewalkt, legt ihn zusammen, klopft ihn einmal, walzt ihn wiederholt aus, thut ihn gleich auf das Blech, schneide fingerdicke Streifen, um den Rand schmiere ihn dann mit Eiergelb, kann=man die Kirschen darauf, mache einen Mandelguß darüber, backe ihn gelb.—

Schnepfenkoth.

Schnepfenkoth
Zwiebeln
Petersilie
Zitronenschale
Butter
Semmelbrösel
Salz
Pfeffer
Rotwein
Semmeln
Schmalz

Der Schnepfenkoth wird gewaschen, fein gewiegt, mit Zwiebel, Petersilie, Zitronenschälchen. Thue ein Stück Butter in einen Diegel, ein wenig Semelbrösel, den Schnepfenkoth hinein, Salz, Pfeffer, lasse ihn ein wenig dünsten, gieße auch etwas rothen Wein daran, lasse es etwas dick kochen, streiche ihn auf Semelschnitten, welche vorher in Schmalz gebacken, in rothen Wein eingeweicht, gib sie sodann in den Schnepfen garnirt zur Tafel.–

Zuckerteig zu verschiedenen Kuchen

125 g Mehl
2 Eier
2 Eigelb
1 Tasse süßer Rahm
Zucker
Salz
60 g Butter
Kirschen
Mandelguss*

Man nimmt ½ Dreißiger Mehl 2 ganze Eier und einen Eierdotter, dann 1 Taße süssen Rahm, mässig Zucker, etwas Salz, schneide in das Mehl ½ Vierling Butter wie zu einem Butterteig, dann arbeite ihn, bis er ganz fein ist, läßt ihn dann eine kleine Weile ruhen. Dann wird er augewalkt, legt ihn zusammen, klopft ihn einmal, walzt ihn wiederholt aus, thut ihn gleich auf das Blech, schneide fingerdicke Streifen, um den Rand schmiere ihn dann mit Eiergelb, kommen die Kirschen darauf, mache einen Mandelguß* darüber, backe ihn gelb.–

* siehe Eis auf Dorten, Seite 93

Schokolad-Makaroni.

2 Tafeln Schokolade
125 g Zucker
2 Eiweiß
Oblaten

2 Täfelchen Chokolade fein gerieben 8 Loth Zucker fein gestossen miteinander vermengt, den Schnee von 2 Eierklar dazugethan, verührt, ihn eine Viertel Stunde ruhen lassen, dann auf Oblaten in beliebige Form gethan, und heraus gebacken.–

Kappern-Sauce.

1 Sardelle
Zwiebeln
Petersilie
Butter
Reibmehl
Fleischbrühe
Kapern
2 EL Sauerrahm

Nehme eine Sardelle, wiege sie klein, wie auch Zwiebel und Petersilie, laß ein Stückchen Butter zergehen, mache von etwas Reibmehl ein bräunliches Einbrennen, giesse Supp darauf, lasse sie sammt den Sardellen, Kappern nach belieben, mit 2 Löffel saueren Rahm aufkochen.–

Schnee von süssen Rahm.

süßer Rahm
Zucker
2 Messerspitzen
Gummi Tragant
eingemachte Früchte

Thue Rahm und Zucker nach Belieben, 2 Messerspitz gepulferten Gummi Tragant in eine Schüssel, schlage ihn mit einem Besen so lange, bis er einen starken Schaum gibt, diesen nimm mit einem Löffel ab, setze ihn in Pyramiden artig auf, und garnire ihn mit eingemachten Früchten.–

Schnepfenkoth, säuerer.

Grundrezept
Schnepfenkoth süß*,
Semmelbrösel, Essig

Der Koth wird wie der süsse* zubereitet, bloß statt des feinen Mehls 2 Hände voll Semelbrösel genohmen, den Zucker weggelassen und ein wenig Essig.

* siehe Schnepfenkoth süß, Seite 145

Schokolad-Makaroni.

2 Täfelchen Chokolade fein gerieben 8 Loth Zucker fein gestossen, miteinander vermengt, den Schnee von 2 Eiklar dazugethan, gerührt, ihn eine Viertel Stunde rühren lassen, dann auf Oblaten in beliebige Form gethan, und heraus gebacken. –

Kappern-Sauce

Nehme eine Sardelle, wiege sie klein, wie auch Zwiebel und Petersilie, laß ein Stückchen Butter zergehen, mache von etwas Reibmehl ein bräunliches Einbrennen, giesse Suppe darauf, lasse sie samt den Sardellen, Kappern nach Belieben, mit 2 Löffel sauren Rahm aufkochen. –

Schnee von süssem Rahm.

Thue Rahm und Zucker nach Belieben, 2 Messerspitz gepülverten Gummi Tragant in eine Schüssel, schlage ihn mit einem Besen so lange, bis er einen starken Schaum gibt, diesen nimm mit einem Löffel ab, setze ihn in Pyramiden artig auf, und garnire ihn mit eingemachten Früchten. –

Schnepfenkoth, saurer.

Der Koth wird wie der süsse zubereitet, bloß statt des feinen Mehls 2 Hände voll Semmelbröseln genommen, den Zucker weggelassen und ein wenig Essig.

Hobelspähne.

12 Eiweiß
180 g Zucker
6 TL Mehl
60 g Mandeln

Nimm 12 Eierklar, schlage einen steifen Schnee nimm 12 Loth Zucker feingesiebt, 6 kleine Kochlöffel voll Mehl, mische das Mehl und den Zucker unter einander, wiege 4 Loth Mandeln, recht fein, thue alles unter den Schnee, die Mandeln zuletzt hinein, bestreiche ein Blech mit Wachs, (das Blech heiß machen) reibe es wieder ab, mache kleine Stricherl darauf, wenn sie gebacken sind windet man sie schnell um einen Kochlöffel, dann sehen sie aus, wie Hobelspähne.–

Flur, Müllerhof/Hofolding
bei München,
Oberbayern
(Anfang 20. Jh.)

Boulade, gefüllt mit Kappernsauce.

4¼ kg Kalbsbrust
Salz
Speckplatten
evtl. Wein

Für die Farce
1½ kg Schweine-rippen
125 g Sardellen
Speck
Petersilie
Zitronenschale
Zwiebeln oder Schalotten
Mundbrot
Wasser
Butter
3 Eier
evtl. Trüffeln und Kapern

Für die Sauce
Bratenfond
Mehl
Wein
Kapern oder Hopfen
Spargel
Morachen
Trüffeln und Champignons
evtl. Consommé

Man löst von einer 8½ Pfund schweren Kalbsbrust, die Beine*, die vom Halse noch daran sind, wie auch das Häutige und die Adern weg. Klopft dann die Brust in die Breite, wascht und salzt sie. Die Kalbsbrust muß breit sein und zartes Fleisch haben. – Zur Sauce wird das Fleisch von 1½ Pfund abgezogenen Schweinsrippen abgelöst, nebst ¼ Pfund Sardellen, Speck, Petersilie, Zitronenschaalen, Zwiebelscheiben oder Charlotten = Zwiebel sehr fein gewiegt. Sind die Sardellen nicht rein, werden sie gewaschen. Zwei Mundbrot werden abgerindet, in die Hälfte geschnitten, in kalten Wasser geweicht, in heißen Butter gedünstet, nebst dem Gewiegten in eine Schüssel gethan, 3 Eier daran geschlagen und ab-

* mundartlich für »Knochen«

Bauerngarten, Deichlhof/Wackersberg bei Bad Tölz, Oberbayern

Hobelspähne.

Nimm 12 Eierklar, schlage einen steifen Schnee nimm 12 Loth Zucker feingesiebt, 6 kleine Kochlöffel voll Mehl, mische das Mehl und den Zucker unter einander, wiege 4 Loth Mandeln recht fein, thue alles unter den Schnee, die Mandeln zuletzt hinein, bestreiche ein Blech mit Wachs, (: das Blech heiß machen :) reibe es wieder ab, mache kleine Streichel darauf, wenn sie gebacken sind windet man sie schnell um einen Kochlöffel, dann sehen sie aus, wie Hobelspähne. –

Boulade, gefüllt mit Kappernsauce.

Man löst von einer 8½ ℔ schweren Kalbsbrust, die Beine, die vom Halse noch daran sind, wie auch das Häutige und die Adern weg. Klopft dann die Brust in die Breite, wascht und salzt sie. Die Kalbsbrust muß breit sein und zartes Fleisch haben. – Zur Sauce wird das Fleisch von 1½ ℔ abgezogenen Schweinsrippen abgelöst, nebst ¼ ℔ Sardellen, Speck, Petersilie, Zitronen=schalen, Zwiebelscheiben oder Charlotten=Zwiebel sehr fein gewiegt. Sind die Sardellen nicht rein, werden sie gewaschen. Zwei Mundbrod werden abgerindet, in die Hälfte geschnitten, in kalten Wasser geweicht, in heißer Butter gedünstet, nebst dem Gewiegten in eine Schüssel gethan, 3 Eier daran geschlagen und ab=

gerührt. Dann wird diese Farce gleich dick auf der inneren Seite der Brust gestrichen, die Brust der Länge nach zusammen gerollt, daß aber die vordere Seite den Schluß macht, dann die Brust fest zusammen genäht und mit Spagat fest umwunden. Zur Sauce kann man auch Trüffeln und Kapern nehmen. Es werden in ein Rein Speck=platten gelegt, und das gerollte Fleisch darauf gethan und in das Rohr geschoben. Das gerollte Kalbfleisch immer von Zeit zu Zeit mit der Brühe die es kocht, bestreichen. Man kann auch die Knochen von den Schweinsbiegeln darein legen. – Hat die Rulade längere Zeit gekocht, so wird die Sauce mit Mehl bestaubt und umgerührt. Hat die Sauce ein wenig angelegen und ist sie bräunlich geworden wird sie umgerührt. Man kann auch einige Zeit vor dem Anrichten etwas Wein daran thun, dann thut man in einen Tiegel ungefähr um 10 kr Kapern und etwas Sauce von der Rulade abgeschäumt u. daran gethan, ein bischen aufgekocht. Man kann statt der Kapern auch von Hopfen, Spargel, Morcheln, Trüffeln und Champignon machen. Hat die Rulade eine dunkelgelbe Farbe, wird der Spagat wegge=

schnitten und beim Tranchiren die Fäden heraus=
gezogen. Dann wird von der Sauce die im Rein ge=
blieben, so viel als nöthig an die Kapern Sauce etwas
wenig über die aufgeschnittenen Rolade geschüttet. Will
man diese Rolade als Braten geben, so muß mehr
Sauce gemacht werden. Man kann auch dem Rolad
noch schönere Farbe geben durch Beizinen, das Rolad
wird mit der Sauce aufgewärmt.

Chokolade, gefrorenes.

Liter Milch, 4 Tafeln Chokolade, lasse dieß mit einander
sieden, hernach ein wenig auskühlen, nun 8 Eierdotter
Loth gestossenen Zucker, rühre es recht gut ab, gieße die
Chokolade in das Gerührte hinein, lasse ihn noch einmal
aufsieden, bis es schöne Blattern gibt, dann lasse es ab=
kühlen und schütte es in die Gefrierbüchse. —

Hopfen – Gemüse.

er Hopfen wird geputzt, gesotten und gleich gesalzen, dann
ird Butter heiß gemacht, 2 Kochlöffel voll Mehl darein, läßt
anziehen, gießt Fleischbrühe daran, läßt es aufkochen und
it den Hopfen daran, dann läßt man es stark kochen, damit
n Brühe etwas dicklich wird, wenn man will, kann man
s Gemüse auch frikassiren; der Hopfen ist auch in Essig u. Öhl
r gut. —

gerührt. Dann wird diese Farce gleich dick auf der inneren Seite der Brust gestrichen, die Brust der Länge nach zusammen gerollt, daß aber die vordere Seite den Schluß macht, dann die Brust fest zusammen genäht und mit Spagat fest umwunden. Zur Sauce kann man auch Trüffeln und Kappern nehmen. Es werden in ein Kar Speckplatten gelegt, und das gerollte Fleisch darauf gethan und in das Rohr geschoben. Das gerollte Kalbfleisch immer von Zeit zu Zeit mit der Brühe die es kocht, bestrichen. Man kann auch die Knochen von den Schweinsrippen darein legen. – Hat die Rulande längere Zeit gekocht, so wird die Sauce mit Mehl bestäubt und umgerührt. Hat die Sauce ein wenig angelegen und ist sie bräunlich geworden wird sie umgerührt. Man kann auch einige Zeit vor dem Anrichten etwas Wein daran thun, dann thut man in einen Tigel ungefähr um 10 Pfennig Kappern und etwas Sauce von der Rulande abgefäumt u. daran gethan, ein bishen aufgekocht. Man kann statt der Kapern auch von Hopfen, Spargel, Morachen, Trüffeln und Campignon machen. Hat die Rulande eine dunkelgelbe Farbe, wird der Spagat weggeschnitten und beim Transchiren die Fäden herausgezogen. Dann wird von der Sauce die im Kar geblieben, so viel als nöthig an die Kapern Sauce etwas wenig über die aufgeschnittene Rulande geschüttet. Will man diese Rulande als Braten geben, so muß mehr Sauce gemacht werden. Man kann auch dem Rolad noch schönere Farbe geben durch Consume, das Rulad wird mit der Sauce aufgewärmt.

Mausefalle

Gefrierbuchse

Chokolade, gefrorenes.

1 l Milch
4 Tafeln Schokolade
8 Eigelb
180 g Zucker

1 Liter Milch, 4 Täfel Chokolade, laße dieß mit einander sieden, hernach ein wenig auskühlen, nimm 8 Eierdotter 12 Loth gestossenen Zucker, rühre es recht gut ab, gieße die Chokolade in das Gerührte hinein, lasse ihn noch einmal aufsieden, bis es schöne Blattern gibt, dann lasse es abkühlen und schütte es in die Gefrierbüchse.–

Hopfen – Gemüse.

Hopfen
Salz
Butter
2 EL Mehl
Fleischbrühe

Der Hopfen wird geputzt, gesotten und gleich gesalzen, dann wird Butter heiß gemacht, 2 Kochlöffel voll Mehl darein, läßt es anziehen, gießt Fleischbrühe daran, läßt es aufkochen und thut den Hopfen daran, dann läßt man es stark kochen, damit die Brühe etwas dicklicht wird, wenn man will, kann man das Gemüse auch frikesieren; der Hopfen ist auch in Essig u. Öhl sehr gut.–

Kasseler-Kuchen.

Man nehme 12 Loth Zucker, reibe oder stoße ihn,
dann schlage man 2 ganze Eier, 3 Dotter daran rühre
es recht flaumig ab, dann 1/4 ℔ zerlassenen Butter
und von den Eierweiß den Schnee, hernach 1/4 ℔ Mehl.
Wenn alles gut vermischt ist, bestreiche man einen
Form mit Butter, füllt die Masse hinein, bestreut ihn
obenauf mit grobgehackten Zucker und länglicht ge=
schnittenen Mandeln und backt ihn langsam heraus.

Chocolade zu machen.

Zu einer Tasse Schokolade nimmt man ein Täfelchen
Schokolade, 3/4 Quart Milch, gibt den Schokolad in
die Milch und läßt es sieden, gießt die Milch nochmal
ab, weil der Schokolad in der Regel nicht gut er=
weicht, verrührt ihn dann, gießt die Milch wieder hin,
läßt es sieden, unterdessen wird ein Eierdotter mit
kalter Milch abgerührt, gießt dann den siedenden Scho=
kolad hin, und sprudelt ihn mit einem Schokoladsprudel
bis er dick ist; darf aber nicht mehr sieden.

Kaßeler-Kuchen.

180 g Zucker
5 Eier
125 g Butter
125 g Mehl
grober Zucker
Mandelsplitter

Man nehme 12 Loth Zucker, reibe oder stosse ihn, dann schlage man 2 ganze Eier, 3 Dotter daran rühre es recht flaumig ab, dann ¼ Pfund zerlassenen Butter und von dem Eierweiß den Schnee, hernach ¼ Pfund Mehl; Wenn alles gut vermischt ist, bestreiche man einen Form mit Butter, füllt die Masse hinein, bestreue ihn obenauf mit grobgehackten Zucker und länglicht geschnittenen Mandeln und backt ihn langsam heraus.

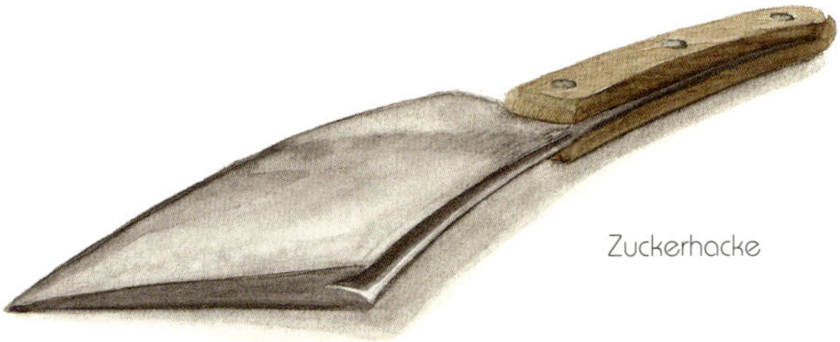

Zuckerhacke

Chocolade zu machen.

1 Tafel Schokolade
1 Tasse Milch
1 Eigelb

Zu einem Tasse Schokolade nimmt man ein Täfelchen Schokolade, ¾ Quart Milch, gibt den Schokolad in die Milch und läßt es sieden, gießt die Milch nochmal ab, weil der Schokolad in der Regel nicht gut verweicht, verrührt ihn dann, gießt die Milch wieder hin, läßt es sieden, unterdessen wird ein Eierdotter mit kalter Milch abgerührt, gießt dann den siedenden Chokolad hin, und strudelt ihn mit einem Schokoladstrudel bis er dick ist; darf aber nicht mehr sieden.

Schwarzwurzen.

Schwarzwurzeln
Salzwasser
Buttersäuere*

Man schlägt die Wurzeln, wascht sie in Milch und Wasser und kocht sie in Salzwasser, macht eine Buttersäuere*, legt die Wurzeln hinein und läßt es aufkochen. Spargel und Hopfen werden ebenso gekocht.

* siehe Weiße Caulis, Seite 28

Waffeln.

250 g Butter
5 Eier
5 El Mehl
Schmalz

Man treibt ½ Pfund Butter flaumig ab, schlägt 5 Eier nach und nach hinein, rührt dann 5 Eßlöffel voll Mehl hinein, schmirt das Waffeleisen mit Schmalz und backt sie schön gelb heraus.

Mandelfülle.

60 g Zucker
125 g Mandeln
3 Eier
Schale einer
½ Zitrone

Man nimmt 4 Loth gestossenen Zucker ¼ Pfund geriebene Mandeln, dieses mit 3 ganze Eier gerührt und von einer halben Zitrone die Schale, dieses gut unter einander geührt und nun füllt man was man will.–

Schwarzwurzen.

Man schält die Wurzeln, wascht sie in Milch und Wasser und kocht sie in Salzwasser, macht eine Buttersauce, legt die Wurzeln hinein und läßt es aufkochen. Spargel und Hopfen werden ebenso gekocht.

Waffeln.

Man treibt ½ ℔ Butter flaumig ab, schlägt 5 Eier nach und nach hinein, rührt dann 5 Eßlöffel voll Mehl hinein, schmiert das Waffeleisen mit Schmalz und backt sie schön gelb heraus.

Mandelfülle.

Man nimmt 4 Loth gestossenen Zucker ¼ ℔ geriebene Mandeln, dieses mit 3 ganze Eier gerührt und von einer halben Zitrone die Schale, dieses gut untereinander gerührt und nun füllt man was man will.

Hamelskotellett. gedünstet.

Dieselben gesalzen, gepfeffert, auch etwas geklopft. dann kommt in einen Tiegel 1 Stück Butter nebst allerhand möglichen feingewiegten Wurzeln, etwas Fleischbrüh daran, lege die Cotelletten darauf. dann lasse sie miteinander dünsten. Wenn sie weich sind, lege die Cotelletten aus, staube die Wurzeln mit etwas Mehl, gieße es mit Fleischbrüh auf, säuere mit Zitronensaft oder Essig. Die Cotelletten werden mit den Wurzeln angerichtet; es wird nichts durchpassiren, deßhalb müssen die Wurzeln fein gewiegt werden. —

Bries gespickte.

Die Bries werden gewässert, dann gespickt, etwas gesalzen und gepfeffert. dann kommt in einen Tiegel: Zitronenschälchen, Gelberüben, Zwiebel, ein Stück Butter, etwas Essig dann werden sie aufgesetzt und laßt sie dünsten, bis sie weich sind. dann werden sie ausgelegt, lasse das Übrige gelb anlaufen, dann staube es mit Mehl, daß es eine kurze Sauce gibt, laß es noch ein wenig anlaufen, dann gieße die Sauce hin, die zuvor wie die Brisen ausgelegt worden, abgeschöpft wurde. dann lasse die Sauce noch aufkochen, säuere es gut mit Zitronensaft und passiere sie gut. — Auf die nemliche Art wird auch das Kalbfleisch gedünstet.

Hamelskotellett. gedünstet.

Hammelkoteletts
Salz
Pfeffer
Butter
Wurzeln*
Fleischbrühe
Mehl
Zitronensaft
oder Essig

Dieselben gesalzen, gepfeffert, auch etwas geklopft. Dann kommt in einen Diegel 1 Stück Butter nebst allem möglichen feingewiegten Wurzeln, etwas Fleischbrüh daran, lege die Cotelletten darauf. Dann lasse sie mitsammen dünsten. Wenn sie weich sind, lege die Cotelletten aus, staube die Wurzeln* mit etwas Mehl, gieße es mit Fleischbrüh auf, säuere mit Zitronensaft oder Essig. Die Cotelletten werden mit den Wurzeln angerichtet; es wird nichts durchpassiren, deßhalb müssen die Wurzeln fein gewiegt werden.

* vermutlich Suppengrün

Pris gespickte.

Kalbsbries
Speck
Salz
Pfeffer
Zitronenschale
Gelbe Rüben
Zwiebeln
Butter
Essig
Mehl
Bratensauce
Zitronensaft

Die Pris werden gewässert, dann gespickt, etwas gesalzen und gepfeffert. Dann kommt in einen Diegel: Zitronenschälchen, Gelberüben, Zwiebel, ein Stück Butter, etwas Essig dann werden sie aufgesetzt und laßt sie dünsten, bis sie weich sind. Dann werden sie ausgelegt, lasse das Uebrige gelb anlaufen, dann staube es mit Mehl, daß es eine kurze Sauce gibt, laß es noch ein wenig anlaufen, dann giesse die Sauce hin, die zuvor wie die Prisen ausgelegt worden, abgeschöpft wurde. Dann lasse die Sauce noch aufkochen, säuere es gut mit Zitronensaft und passiere sie gut. – Auf die nemliche Art wird auch das Kalbfleisch gedünstet.

Schincken-Fleckerl.

Nudelteig
Schinken
Sauerrahm

Es werden gewöhnliche Fleckerl von Nudeltaig gemacht, dann wird der Schinken fein gewiegt. Man nimmt 20 Pfennig sauren Rahm, schmirt eine Form mit Butter, dann kommt eine Lage Fleckerl, eine Lage Schinken, sauern Rahm dann wieder Fleckerl, bis das Modell voll ist; auf die Letzt muß der sauere Rahm über das Ganze gegossen werden.

Erbsen-Suppe.

Erbsen
Salzwasser
Butter oder Schmalz
Mehl
Zwiebeln

Die Erbsen werden mit kalten Wasser und Salz zugesetzt; müssen 3 Stunden sieden. Wenn sie weich sind, werden sie durchgepreßt. Dann gibt man etwas Butter oder Schmalz in einen Diegel, läßt etwas Mehl anlaufen, etwas Zwiebel eine hehle Einbrenn, schüttet die Erbsenbrüh darauf, verrührt es gut, läßts ¼ Stunde kochen.

Kardoffel-Suppe

Einbrenne
Kartoffeln
Fleischbrühe
oder Wasser
Semmeln
oder Hausbrot

Die Einbrenn ebenso wie bei der Erbsensupp, dann die geriebenen Kardoffeln hineingerührt, mit Supp oder siedenden Wasser verdünnt, und über 4 eckig geschnittene Semmel oder Hausbrod angerichtet.

Schinken-Fleckerl.

Es werden gewöhnliche Fleckerl von Nudelteig gemacht, dann wird der Schinken fein gewiegt. Man nimmt 20 dk saueren Rahm, schmiert eine Form mit Butter, dann kommt eine Lage Fleckerl, eine Lage Schinken, saueren Rahm dann wieder Fleckerl, bis der Model voll ist; auf die Letzt muß der sauere Rahm über das Ganze gegossen werden.

Erbsen-Suppe.

Die Erbsen werden mit kalten Wasser und Salz zuge=setzt, müssen 3 Stunden sieden. Wenn sie weich sind, werden sie durchgepreßt. Dann gibt man etwas Butter oder Schmalz in einen Tiegel, läßt etwas Mehl anlaufen, etwas Zwiebel eine helle Einbrenn, schüttet die Erbsenbrüh darauf, verrührt es gut, läßt es 1/4 Stunde kochen.

Kardoffel-Suppe

Die Einbrenn ebenso wie bei der Erbsensupp, dann die geriebenen Kardoffeln hineingerührt, mit Supp oder siedenden Wasser verdünnt, und über 4 eckig geschnittene Semmel oder Hausbrod angerichtet.

Krem-Vanille.

Zum Vanillkrem werden 7 Loth Zucker mit einem kleinen Stückchen ~~Zucker~~ Vanille feingestossen, gesiebt mit 7 Eierdottern ½ Stunde gerührt; zuletzt wird von ½ Maß Rahm Schnee geschlagen, darunter gemischt, in Tassen gefüllt. Zu bemerken ist, daß das Ganze zur warmen Jahreszeit im Keller bereitet werden muß; der Schnee darf erst zuletzt hineinkommen. –

Schnepfenkoth süß.

Die Schnepfe werden ausgenommen, von den Eingeweiden der Magen abgelöst, das Übrige mit etwas Zwiebel, Zitronen und Kalbsleber gewiegt; auf 2 Schnepfen nimmt man 2 Hühner=ei groß Butter in einen Tiegel; 4 Kochlöffel feines Mehl, läßt's schön blaßgelb anlaufen, thut das Gewiegte hinein, wie auch etwas Supp und 1 Quart rothen Wein, Salz, Pfeffer, Nelkengewürz, 2 Löffel Zucker, von einer Zitrone den Saft, läßt es eine Zeit lang kochen, streicht ihn dann auf in Schmalz gebackene Schnitten oder kleine Butterteig-Pastetchen. –

Krem-Vanille.

110 g Zucker
Vanille
7 Eigelb
ca. 600 g süßer Rahm

Zum Vanillkrem werden 7 Loth Zucker mit einem kleinen Stückchen Vanille feingestossen, gesiebt mit 7 Eierdottern ½ Stunde gerührt; zuletzt wird von ½ Maß Rahm Schnee geschlagen, darunter gemischt, in Tassen gefüllt.
Zu bemerken ist, daß das Ganze zur warmen Jahreszeit im Keller bereitet werden muß; der Schnee darf erst zuletzt hineinkommen.–

Schnepfenkoth süß.

Innereien von 2 Schnepfen
Zwiebeln
Zitronen
Kalbsleber
100 g Butter
4 El Mehl
Fleischbrühe
250 ml Rotwein
Salz
Pfeffer
Gewürznelken
2 El Zucker
Saft einer Zitrone
Schmalz
Semmeln oder Butterteig-Pastetchen*

Die Schnepfe werden ausgenohmen, von den Eingeweiden der Magen abgelöst, das Uebrige mit etwas Zwiebel, Zitronen und Kalbsleber gewiegt; auf 2 Schnepfen nimmt man 2 Hühnerei groß Butter in einen Diegel, 4 Kochlöffel feines Mehl, lässts schön blaßgelb anlaufen, thut das Gewiegte hinein, wie auch etwas Supp und 1 Quart rothen Wein, Salz, Pfeffer Nelkengewürz, 2 Löffel Zucker, von einer Zitrone den Saft, läßt es eine Zeit lang kochen, streicht ihn dann auf – in Schmalz gebackene Schnitten oder kleine Butterteig-Pastetchen.

* siehe Butterteig, Seite 93

Kardoffel-Kuchen.

10–12 Kartoffeln
8 Eier
125 g Zucker
125 g Butter
Zimt

Es werden 10–12 große mehlichte Kardoffel gekocht und wenn sie kalt sind, gerieben. 12 Loth Kardoffel werden nach und nach mit 8 Eiergelb 8 Loth Zucker in 8 Loth gerührten Butter gemischt das Ganze wird mit einem messerspitz voll Zimmt gewiegt und noch eine halbe Stunde abgerührt; alsdann mit dem zu Schnee geschlagenen Eiweiß vermischt, in ein mit Butter betrichenes mit braunen Reibmehl ausgestreites Tortenblech gefüllt, langsam gebacken. Aus dem Ofen kommend wird sogleich der Ring weggenohmen und die Torte stark mit Zucker und Zimt bestreut.

Apfeltorte mit Rahmguß.

110 g Mehl
125 g Butter
1 Eigelb
Salz
3 EL Wasser
Biskuits
Äpfel
Rosinen

Für den Guss
2 EL Mehl
2 EL Zucker
Zimt
Zitronenschale
2 Eier
125 g Sauerrahm

Es wird ein dünn mit Butter bestrichenes Blech mit folgenden Taig belegt. – 7 Loth Mehl, 8 Loth Butter 1 Eierdotter eine messerspitze voll Salz und 3 Eßlöffel kaltes Wasser werden zu einem Taig zusamengearbeitet, nachdem er eine Stunde an einem kühlen Ort geruht wird er ausgewalgt das Blech damit ausglegt, mit Bisquitt bestreut, mit geschälten in Viertel geschnittenen Äpfeln dicht belegt, mit etwas Rosinen bestreut und mit ½ Loth Butter belegt, in einen zimlich warmen Ofen gelegt. Wenn nun die Äpfel weich sind, wird die Torte herausgenohmen und mit Rahmguß begossen. – 2 Eßlöffel voll Mehl eben soviel Zucker, etwas gestossnen Zimmt, Zitronenschaale werden mit 2 Eiergelb, ¼ Schoppen sauren Rahm zu einem Taig abgerührt, dann mit den zum Schnee geschlagenen Eierweiß vermengt, auf die Torte gefüllt und diese nun völlig gebacken –

Kardoffel-Kuchen.

Es werden 10–12 große mehlichte Kardoffel gekocht und wenn sie kalt sind, gerieben. 12 Loth Kardoffel werden nach und nach mit 8 Eiergelb 8 Loth Zucker und 8 Loth gerührten Butter gemischt das Ganze wird mit einem Messerspitz voll Zimt gewürzt und noch eine halbe Stunde abgerührt, alsdann mit dem zu Schnee geschlagenen Eiweiß vermischt, in ein mit Butter bestrichenes mit braunem Reibmehl ausgestreutes Tortenblech gefüllt, langsam gebacken. Aus dem Ofen kommend wird sogleich der Ring weggenommen und die Torte stark mit Zucker und Zimt bestreut.

Apfeltorte mit Rahmguß.

Es wird ein dünn mit Butter bestrichenes Blech mit folgenden Teig belegt. – 7 Loth Mehl, 8 Loth Butter 1 Eidotter eine Messerspitze voll Salz und 3 Eßlöffel kaltes Wasser werden zu einem Teig zusammengearbeitet, nachdem er eine Stunde an einem kühlen Ort geruht wird er ausgewalgt das Blech damit ausgelegt, mit Biscuitt bestreut, mit geschälten in Viertel geschnittenen Äpfeln dicht belegt, mit etwas Rosinen bestreut und mit 1/2 Loth Butter belegt, in einen ziemlich warmen Ofen gelegt. Wenn nun die Äpfel weich sind, wird die Torte herausgenommen und mit Rahmguß begossen. – 2 Eßlöffel voll Mehl eben soviel Zucker, etwas gestossenen Zimt, Zitronenschale werden mit 2 Eiergelb 1/4 Schoppen sauren Rahm zu einem Teig abgerührt, dann mit den zum Schnee geschlagenen Eiweiß vermengt, auf die Torte gefüllt und diese nun völlig gebacken –

Stube, Zehentmaierhof/Sauerlach bei München, Oberbayern (17. Jh.)

Hefen-Taig.*

250 g Mehl
125 g süßer Rahm
Hefe
1 Eigelb
Salz
20 g Schmalz
60 g Butter

½ Pfund feines Mehl wird mit einem ½ Quart Rahm, einem starken Löffel voll Hefe angemacht, 1 Eiergelb nebst Salz hineingerührt, dann ½ Ei groß Schmalz und ½ Vierling Butter hineingeworfen, so geschlagen, daß man nichts mehr davon sieht und rechte Blasen würft, dann macht man ihn gleich aufs Blech.

Wein-Cremm 10-12 Pers.*

1 EL Mehl
20 Eigelb
1¼ l Wein
Zucker
1 Zitrone
Pistazien

In einen Hafen wird 1 Eßlöffel voll Mehl mit 20 Eierdottern gut abgerührt, dann nimmt man 1 Maß guten Wein, Zucker nach Gutdüncken, welcher aber an Zitronen abgerieben, gestossen sein muß; dieß alles schlägt man ¼ Stunde gut ab, dann stellt man den Hafen auf Glut, schlägt so lange, bis er dick wird, richtet es dann auf die Schüssel ganz hoch auf, bestreut es mit kleinen Stückchen Pistazien, gibt es kalt zu Tisch.–

Schotto.*

ca. 600 ml Milch
8 Eigelb

Man nimt zu einer halben Milch 8 Eierdotter thue es in einen Hafen, und strudle es am Feuer bis er dik wird, dan thue ihn weg.

* Auf diese Rezepte wird in den Aufzeichnungen auf den vorhergehenden Seiten Bezug genommen. Die Originalvorlagen sind bedauerlicherweise in einem Zustand, der eine Reproduktion nicht mehr zulässt.

Wie ich mein Obst einkoche.

Schöne, ausgesuchte, reife Kirschen, später Marillen, sowie alle Beerensorten und Obstgattungen, als: Birnen, Pflaumen, Pfirsiche, Quitten, Äpfel können auf folgende Art jahrelang aufbewahrt werden:

Die Kirschen werden rein abgewischt und in gewöhnliche Obstgläser gefüllt; darüber wird ein nicht übermäßig süßes Zuckerwasser gegossen; ein zweifingerbreiter, leerer Raum muß über den Kirschen und dem Zuckerwasser bleiben.

Sind alle Gläser, z.B. 12 Stück auf diese Weise gefüllt, so schneide ich aus reinem, weißen Papier 12 gleich große, der Öffnung der Obstgläser entsprechende runde Blättchen aus gewöhnlichem Zeitungspapier. Die ersten 12 Blättchen bestreiche ich an den Rändern mit einem gewöhnlichen Mehlkaschel (Kleister), die 24 Zeitungspapierblättchen ebenfalls aber ganz und gar auf einer Seite. Jetzt werden zuerst die reinen, weißen Papierblättchen auf die Gläser gelegt und mit der Hand fest aufgedrückt; dann folgen die zweiten 12, welche ebenfalls fest angedrückt werden, zuletzt die dritten 12. Man muß darauf sehen, daß das Papier den Gläserhals eng umschließt.

Ich setze nun sämtliche 12 Gläser in eine große Bratpfanne, gieße diese voll laues Wasser und stelle dieselbe, wenn das Feuer im Ofen nicht mehr alzu stark brennt und das Mittagbrot fast abgekocht ist, in die Röhre (Platte) und lasse die Gläser bis zum Abend darin stehen, ohne daß ich weiter feuere. Dann nehme ich sie heraus; der Papierdeckel oben ist so hart geworden wie Pergament und verhindert den Zutritt der Luft gänzlich. Sind die Gläser sauber abgewischt, so hebe ich sie an einem trockenen Orte auf. –

Ich sandte 6 Gläser voll dieser Früchte einem Leidenden; sie mundeten ihm verzüglich, daß er Verlangen nach mehr empfand, mich aber nicht um eine weitere Sendung bitten wollte. Seine Frau kaufte daher beim Konditor noch einige Gläser mit eingekochten Früchten, von denen aber der Kranke kein bißchen aß, weil sie ihm zu süß waren und alles Aroma verloren hatten.

Die nach meiner Vorschrift eingekochten Früchte sind haltbarer als die mit Pergamentpapier geschlossenen. Nur die kleinen Hausfreunde, die Mäuse, nagen gern an dem Papierverschluß; man muß daher öfter nachsehen.

Marillen, Pfirsiche, Quitten, Pflaumen, Birnen, Äpfel schäle ich ab, Birnen, Äpfel und Quitten dünste ich vorher halb weich, mit etwas Zucker, Wasser, Zitronensaft und Schale, ehe ich sie in die Gläser fülle.

M. W.
zu Trautenau.

Wie ich mein Obst einkoche.

Schöne, ausgesuchte, reife Kirschen, gute Marillen, sowie alle Beerensorten und Obstgattungen, als: Birnen, Pflaumen, Pfirsiche, Quitten; Äpfel können auf folgende Art jahrelang aufbewahrt werden:

Die Kirschen werden rein abgewischt und in gewöhnliche Obstgläser gefüllt; darüber wird ein nicht übermäßig süßes Zuckerwasser gegossen; ein zweifingerbreiter leerer Raum muß über den Kirschen und dem Zuckerwasser bleiben.

Sind alle Gläser, z. B. 12 Stück auf diese Weise gefüllt, so schneide ich aus reinem weißen Papier 12 gleich große, der Öffnung der Obstgläser entsprechende runde Blättchen aus gewöhnlichem Zeitungspapier. Die ersten 12 Blättchen bestreiche ich an den Rändern mit einem gewöhnlichen Mehlpappel (: Kleister :), die 24 Zeitungspapierblättchen ebenfalls aber ganz und gar auf einer Seite. Jetzt werden zuerst die reinen, weißen Papierblättchen auf die Gläser gelegt und mit der Hand fest aufgedrückt; dann folgen die zweiten 12, welche ebenfalls fest angedrückt werden, zuletzt die dritten 12. Man muß darauf sehen, daß das Papier den Gläserhals eng umschließt.

Ich setze nun sämtliche 12 Gläser in eine große Bratpfanne, gieße diese voll kaltes Wasser und stelle dieselbe, wenn das Feuer im Ofen nicht mehr allzu stark brennt und das Mittagbrot fast abgekocht ist, in die Röhre (: Platte :) und lasse die Gläser bis zum Abend darin stehen, ohne daß ich weiter heitze. Dann nehme ich sie heraus; der Papierdeckel oben ist so hart geworden wie Pergament und verhindert den Zutritt der Luft gänzlich. Sind die Gläser sauber abgewischt, so hebe ich sie an einem trockenen Orte auf. —

Ich sandte 6 Gläser voll dieser Früchte einem Leidenden; sie mundeten ihm vorzüglich, daß er Verlangen noch mehr empfand, mich aber nicht um eine weitere Sendung bitten wollte. Seine Frau kaufte daher beim Konditor noch einige Gläser mit eingekochten Früchten, von denen aber der Kranke kein bißchen aß, weil sie ihm zu süß waren und alles Aroma verloren hatten.

Die nach meiner Vorschrift eingekochten Früchte sind haltbarer als die mit Pergamentpapier geschlossenen. Nur die kleinen Hausfreunde, die Mäuse, nagen gern an dem Papierverschluß; man muß daher öfter nachsehen.

Marillen, Pfirsiche, Quitten, Pflaumen, Birnen, Äpfel schäle ich ab, Birnen, Äpfel und Quitten dünste ich vorher halb weich, mit etwas Zucker, Wasser, Zitronensaft und Schale, ehe ich sie in die Gläser fülle.

M. W.
zu Trautenau.

Vorratskeller,
Schieblhof/Tyrlaching
bei Burghausen,
Oberbayern (18. Jh.)

Glossar

Affenthaler badischer Rotwein

Almode-Gewürz Allerleigewürz; Mischung aus Ingwer, Pfeffer u. Piment; auch reines Piment

Amuletpfanne Omelettpfanne

Arac, Arack, Arak Branntwein aus Reis, Zucker oder Palmsaft

Asiete, Aßiet (frz. assiette) Teller, flache Schüssel

Aufzugblech Eisenblech zum Backen

Austragler im Ruhestand lebende Bauersleute

bähen Rösten von Brotscheiben, Semmeln u.Ä.

baierischerüben Bayerische Rüben, Weiße Rüben

Becken offener, flacher Keramikbehälter

Bergamotliquer Birnen- oder Pomeranzenlikör

Bertram Estragon

Bisgoden Biskuit, gebackene Einlage zu Biskuitsuppe

Blate Backblech

Blattern Plattern, Pocken, Blasen

blecherner Schart Blechgeschirr aus Weißblech oder Aluminium

Bodenhafen tiefer Topf zum Aufbewahren von Speisen

Bötzeln Scheiben, Ringe

Bori s. Porry

Borstorfer Äpfel edle, gelbwarzige Renettenäpfel

Boulade Roulade

Bratenschü s.Schö

Bratreine s. Reine

Büchse s. Dunstbüchse

Buttersäuere Buttersauce, z.B. Weiße Caulis

Butterteig Blätterteig

Careemonen Kardamom

Caulis (frz. coulis) klare Fleischbrühe; Grundlage für Saucen u. Suppen

Clamangen (frz. blanc-manger) Süßspeise mit Gelatine

Consume (frz. consommé) Kraftbrühe

Couanlamode mit Schwarte (frz. couenne) zubereiteter Bratenfond

Dampfbüchse s. Dunstbüchse

Dampfl Hefeansatz für Hefeteig

Datschiblech Blech für flache Kuchen

Derpl Tauben

Diegel s. Tiegel

Dreifuß Pfannenhalter

dreimäßiger Hafen 3 Maß fassender Topf

Dreißiger Gewichtseinheit; 1 Dreißiger = 250 Gramm

Drudenkreuz Schutzzeichen gegen böse Geister

Dunst Wasserbad

Dunstbüchse verschließbares Gerät für Zubereitung nach Art des Wasserbades

eigroß Gewichtseinheit; 40–50 Gramm

Eis Eiweißglasur

eischwer Gewichtseinheit; dem Gewicht der jeweils verwendeten Eier entsprechend

Essenz Mischung aus Pomeranzen- und Zitronensaft, Zucker und Rum; wurde in Flaschen aufbewahrt und zur schnellen Bereitung von Punsch mit Tee aufgegossen

fl. Abkürzung für Gulden

Friganto (frz. fricandeau) zarter Fleischteil an der inneren Seite des Schlegels, zumeist v. Kalb; Kalbsnuss

Gans-Jung Gänseklein; Kopf, Hals, Flügel, Füße, Herz und Magen der Gans

gebrannter Zucker s. Zuckerschü

Gefrierbüchse Gerät für die Zubereitung von Speiseeis u. gefrorenen Cremes

Geigenmehl Weizenmehl

Gelbe Rüben Karotten, Möhren, Mohrrüben

geselcht gepökelt und geräuchert

Gilio Gelee

Gukumerkraut Gurkenkraut, Borretsch

Gulden Währungseinheit bis zur Einführung der Mark nach der Reichsgründung 1871; 1 Gulden = 60 Kreuzer

Gummi Tragant gummiartige Absonderung der Stragelpflanzen; Bindemittel

Haarsieb feines Sieb, ursprünglich aus Pferdehaar

Hafen Topf

Halbe eine halbe Maß

Haschee gegartes Hackfleisch in passender Sauce

Hasen-Jung Schulter, Hals, Kopf, Brustfleisch, Leber, Lunge und Herz vom Hasen

Hausbrot Graubrot, Roggenmischbrot

Hausenblase aufbereitete Innenhaut der Schwimmblase des Hausen (Störart)

Hohlipen, Hollipen Schaumrollen

Holippeneisen Hohlhippeneisen; Waffeleisen zum Herstellen von Schaumrollen

Kachel, Kächelchen kleines Tongefäß

Kaffeeröster Gerät zum Rösten von Pflanzenstoffen, zumeist Gerste, für die Zubereitung von Ersatzkaffee

Kalbsbries Thymusdrüse des Kalbs

Kapaunen verschnittene, gemästete Hähne

Kar Topf

Karbonaden gebratene oder geschmorte Fleischscheibe, zumeist vom Rückenstück

Karfiol, Karviol Blumenkohl

Kastrol Kasserolle, flacher Schmortopf

Kastrolblättchen Bratreine

Kartoffelquetsche Gerät zur Herstellung von Stärke

Kindsmus Griesbrei

Königsmehl s. Mundmehl

Körbelkraut Kerbel

Kohlruben, Kohlrüben Kohlrabi

Kohlwurzeln Steckrüben

Koth Innereien von Geflügel

Krebse Flusskrebse

Kreuzer s. Gulden

Lindbratenfleisch Lende

Loth, Lth. Gewichtseinheit; nach den Aufzeichnungen der M.W. zu Trautenau: 1 Loth = 15,5 Gramm

Maß, Maßl, Mßl. Hohlmaß; damals 1 Maß = 1 ¼ Liter

Maurachen, Morachen Morcheln

Milchner Samenstrang des männlichen Fisches

Model, Modell, Mödel verschiedene Backformen für Kuchen, Puddings, Aufläufe, meist aus emailliertem Metall oder Keramik

Monatrettig Radieschen

Münzen Minze, Pfefferminz

Mundbrot Weißbrot

Mundmehl ausgeklärtes Weizenmehl bester Qualität; die verschiedenen Mehltypen werden nach Aschegehalt unterschieden

Netz Schweinenetz, Falte des Bauchfells; auch als Wursthülle verwendet, beim Metzger erhältlich

Papilott (frz. papillote) gefettete Papierhülle zum Garen von Fleisch

Pfund Gewichtseinheit; 1 Pfund = 500 Gramm

Plafon, Plavon flache Pfanne

Plate s. Blate

Pomeranzen Bitterorangen, deren Schale für Orangeat verwendet wird

Porry Porree, Lauch

Provenzeröl Kräuteröl aus der Provence

Quart Hohlmaß; 1 Quart = ¼ Liter

Quartblatt Papierformat; ca. Postkartengröße

Quint allgemeine Mengenangabe; 1 Quint = ⅕ vom Ganzen

Rack s. Arac

Ramel Kruste

rasch resch, knusprig

Rehziemer Rehrücken

Reibbrot Weißbrot oder Semmeln zum Reiben

Reibmehl Weizenmehl, auch Semmelbrösel

Reif, Reifschüssel Springform

Reine viereckige, niedrige Kastenform aus emailliertem Eisen oder Keramik zum Garen von Auflauf oder Braten im Rohr

Reisbesen Reisigbesen zum Auskehren des Backofens

Reisthee Reismehl, feingemahlene Reiskörner

Ritzel, Rizel Risse

Roggener Rogen, Fischeier; bezeichnet auch den weiblichen Fisch

Rolad, Rulad, Rulande Roulade

Saiger, Seiher Sieb

Scharen Kruste

Schneeberg Rahmschnee, Schlagsahne

Schnepfenkoth Innereien von Schnepfen

Schö, Schöne, Schü (frz. jus) Bratenfond

Schoko s. Weinschotto

Schokoladstrudel Schneebesen

Schoppen Hohlmaß; damals 1 Schoppen = ½ Liter

Schotto, Schotten (frz. chaudeau) heiße Milch mit Ei, s. Seite 149

Schwarzwildbret Wildschwein

Schweinsbrat Brät, rohe Wurstmasse aus Schweinefleisch; beim Metzger erhältlich

schwellen in heißem Wasser aufquellen lassen, z.B. um Mandeln zu häuten

Semmelbrot geschnittene alte Semmeln; Knödelbrot

Semmelmehl früher Weizenmehl zweiter Qualität, auch Semmelbrösel

Semmelmohl das weiche Innere der Semmel

Senft Senf

Separator Zentrifuge zum Trennen der Milch vom Rahm

Spagat starker Bindfaden

Spanischer Pfeffer Paprika

Sprengblech Springform

sprudeln, strudeln mit dem Schneebesen schlagen

Stör Handwerksarbeit im Hause des Kunden

Striezel, Strizerln von Hand gedrehte Teigwürstchen

Tebu Theebuh, Buh-Tee; braune Teesorte aus China

Tiegel Gefäß mit Stiel

Tortenmehl s. Mundmehl

Tournosol Lackmus; Farbstoff aus dem Saft der Tournesolpflanze (Chrozophora tinctoria)

Traffsupe Fleischbrühe mit Traufen (gebackene Teigtropfen); Backerbsensuppe

Vierling Gewichtseinheit; 1 Vierling = 8 Loth

Wasserrübe Stoppelrübe

Weichsel Sauerkirschen

Weinbeeren Rosinenart

Weinschotto Sauce aus Wein und Eigelb; Zubereitung wie Schotto, s. Seite 149

Welsche Nuß Walnuß

Wibs Whips; Süßspeise mit Gelatine

Zuckerschü (frz. jus) Zuckertropfen; gebrannter, in Wasser gelöster Zucker

Zuckerhacke Hackbeil zum Zerkleinern der Zuckerstücke

Register

Suppen

Boudding mit 3 Farben in die Suppe 108
Butter Nockerl ... 83
Erbsen-Suppe ... 142
Französische-Suppe ... 70
Gai Suppe ... 65
Gebackene Griesknödel ... 83
Gersten Schleim ... 35
Kardoffel-Suppe ... 142
Krebs-Suppe ... 40
Sago-Suppe ... 80
Wurzel-Suppe ... 43

Fische & Krebse

Gefüllter Hecht ... 32
Hecht ... 115
Karpfen in Öl ... 115
Krepsbutter ... 109
Sardellen Schnitten nach dem Rindfleisch zu geben ... 86

Fleisch

Beefstakes ... 122
Boesteack a la Metterdottle ... 53
Bonapartt-Speise ... 49
Boulade, gefüllt mit Kappernsauce .. 130
Frigasse als Ragout ... 36
Gedämpftes Kalbfleisch ... 89
Gehirn-Kuchen zum Gemüse ... 80
Hamelskotellet gedünstet ... 141
Hammel-Schlegel mit Gurken Sauce 39
Kalbsschnitz gedünstet ... 121
Kottlett à Papillot ... 49
Netzwurst ... 111
Pris gespickte ... 141
Rindfleisch gebratenes ... 115
Schweinfleisch auf Wildpretart ... 62
Schweinsbraten auf Wildpretart ... 116
Schweinskotélletten gedünstet ... 119
Wickelvoegelein ... 112

Wild & Geflügel

Frigassé von Hühnern ... 40
Gems oder sonstiges Wildpret auf Schwarzwildbret-Art ... 86
Schnepfenkoth ... 125
Schnepfenkoth, säuerer ... 126
Schnepfenkoth süß ... 145
Schwarz-Wildpret ... 50
Tauben in Sauce ... 122

Beilagen · Füllungen · Saucen

Auflauf von sauren Rahm ... 101
Bratenfülle auf 3–4 Tauben ... 62
Butter Nockerl ... 83
Erdäpfel Speise ... 57
Fisch-Sauce ... 43
Französische Sauce zu Spargel und Karfiol ... 43
Gebackene Griesknödel ... 83
Gebackene Semmelknödel ... 102
Hopfen-Gemüse ... 135
Kalbfleisch-Fars ... 32
Kappern-Sauce ... 126
Procolli mit Lamskottlette ... 94
Sardellen kalter Sauce ... 111
Schwarwurzen ... 138
Weiße Caulis ... 28
Zwiebel-Sauce ... 46

Mehlspeisen & Nudelgerichte

Brandschmaren ... 97
Dampfnudel ... 94
Saure Rahm-Nockerl ... 54
Schincken-Fleckerl ... 142

Süßspeisen · Puddings · Aufläufe

Dunstspeise ... 116
Gebackene Äfpel mit Krem ... 57
Gries-Pudding ... 21
Kaiser Pudding ... 79
Kardofel Pudding ... 58
Kuchelmichel ... 62
Mandel Koch ... 57
Milch-Schadres mit Äpfel ... 54
Pudding von gebrühten Taig ... 18
Punsch Reis ... 23
Reiskuchen ... 35
Sauer Rahm-Auflauf mit Aprikosen .. 58
Schwarz-Brod-Pudding ... 76
Trauben-Auflauf ... 69
Wein-Auflauf ... 65
Zitronen-Auflauf ... 61

Kuchen & Gebäck

Anis Laibchen, zum Schneeberg ... 89
Apfel-Kuchen ... 46
Apfel-Pastete ... 27
Apfeltorte mit Rahmguß ... 146
Bisquit-Bogen ... 66
Bisquitdorte. Die beste Art ... 112
Butterteig ... 93
Chocolade-Torte ... 15
Eis auf Dorten ... 93
Hefen-Taig ... 149
Hobelspähne ... 128
Hollipen ... 90
Kaiser-Kuchen ... 76
Kardoffel-Kuchen ... 146
Kaßeler-Kuchen ... 137
Kirschen Kuchen mit Griesguß ... 90
Lebkuchen ... 66
Mandelbögen ... 70
Mandelfülle ... 138
Mandel-Laibchen ... 12
Mandelplätzlein ... 11
Mürber-Taig ... 15
Punsch Torten ... 79
Rahm-Kuchen ... 25
Reisschaum Torte ... 61
Schokolad-Makaroni ... 126

Waffeln 138
Weintrauben-Torte 8
Zuckerkolatschen 70
Zuckerteig zu verschiedenen Kuchen 125
Zwieback 101

Eingelegtes & Eingemachtes

Aspich, oder saure Sulze 31
Essig-Gurken 11
Gurken eingesottene 73
Johanisbeeren einsieden 102
Quitten einzumachen 98
Stand zu allen süssen Sulzen 28
Wie ich mein Obst einkoche 152
Zwetzgen einzusieden 69

Cremes & Getränke

Chocolade zu machen 137
Chokolade, gefrorenes 135
Dampfnudel-Sauce 46
Krem-Vanille 145
Reisthee 111
Russischen Krem 75
Schnee vom süssen Rahm 126
Schotto 149
Wein-Cremm 149

Kochanleitungen

Blanschieren 35
Dressieren 65
Fasoniren, Faschiren 36
Grilliren 36

Stube, Müllerhof/Hofolding
bei München, Oberbayern
(Anfang 20. Jh.)

Beatrice Hintermaier, 1959 in Sarnen/Schweiz geboren, aufgewachsen in Oberbayern, hat Grafik an der Fachhochschule für Kommunikationsdesign in München studiert und ist seit 1985 freiberuflich als Grafikerin und Illustratorin für Werbeagenturen und Verlage tätig. Mit diesem Werk ist ihr ein ansprechendes Remake ihrer Diplomarbeit gelungen, die schon 1986 im aha-Verlag erschienen ist.

Wien · Graz · Klagenfurt
www.ichlese.de

Visuelle Gesamtkonzeption und -ausführung:
Beatrice Hintermaier www.illustration-von-beatrice.de
Printed in Austria
ISBN 978-3-99011-022-5